JAPANS
WOORDENSCHAT

THEMATISCHE WOORDENLIJST

NEDERLANDS JAPANS

De meest bruikbare woorden
Om uw woordenschat uit te breiden en
uw taalvaardigheid aan te scherpen

5000 woorden

Thematische woordenschat Nederlands-Japans - 5000 woorden
Door Andrey Taranov

Woordenlijsten van T&P Books zijn bedoeld om u woorden van een vreemde taal te helpen leren, onthouden, en bestudering. Dit woordenboek is ingedeeld in thema's en behandelt alle belangrijk terreinen van het dagelijkse leven, bedrijven, wetenschap, cultuur, etc.

Het proces van het leren van woorden met behulp van de op thema's gebaseerde aanpak van T&P Books biedt u de volgende voordelen:

- Correct gegroepeerde informatie is bepalend voor succes bij opeenvolgende stadia van het leren van woorden
- De beschikbaarheid van woorden die van dezelfde stam zijn maakt het mogelijk om woordgroepen te onthouden (in plaats van losse woorden)
- Kleine groepen van woorden faciliteren het proces van het aanmaken van associatieve verbindingen, die nodig zijn bij het consolideren van de woordenschat
- Het niveau van talenkennis kan worden ingeschat door het aantal geleerde woorden

Copyright © 2015 T&P Books Publishing

Alle rechten voorbehouden. Niets uit deze uitgave mag worden verveelvoudigd, opgeslagen in een geautomatiseerd gegevensbestand en/of openbaar gemaakt in enige vorm of op enige wijze, hetzij elektronisch, mechanisch, door fotokopieën, opnamen of op enige andere manier zonder voorafgaande schriftelijke toestemming van de uitgever. U mag dit boek niet verspreiden in welk formaat dan ook.

T&P Books Publishing
www.tpbooks.com

ISBN: 978-1-78492-367-9

Dit boek is ook beschikbaar in e-boek formaat.
Gelieve www.tpbooks.com te bezoeken of de belangrijkste online boekwinkels.

JAPANSE WOORDENSCHAT
nieuwe woorden leren

T&P Books woordenlijsten zijn bedoeld om u te helpen vreemde woorden te leren, te onthouden, en te bestuderen. De woordenschat bevat meer dan 5000 veel gebruikte woorden die thematisch geordend zijn.

- De woordenlijst bevat de meest gebruikte woorden
- Aanbevolen als aanvulling bij welke taalcursus dan ook
- Voldoet aan de behoeften van de beginnende en gevorderde student in vreemde talen
- Geschikt voor dagelijks gebruik, bestudering en zelftestactiviteiten
- Maakt het mogelijk om uw woordenschat te evalueren

Bijzondere kenmerken van de woordenschat

- De woorden zijn gerangschikt naar hun betekenis, niet volgens alfabet
- De woorden worden weergegeven in drie kolommen om bestudering en zelftesten te vergemakkelijken
- Woorden in groepen worden verdeeld in kleine blokken om het leerproces te vergemakkelijken
- De woordenschat biedt een handige en eenvoudige beschrijving van elk buitenlands woord

De woordenschat bevat 155 onderwerpen zoals:

Basisconcepten, getallen, kleuren, maanden, seizoenen, meeteenheden, kleding en accessoires, eten & voeding, restaurant, familieleden, verwanten, karakter, gevoelens, emoties, ziekten, stad, dorp, bezienswaardigheden, winkelen, geld, huis, thuis, kantoor, werken op kantoor, import & export, marketing, werk zoeken, sport, onderwijs, computer, internet, gereedschap, natuur, landen, nationaliteiten en meer ...

INHOUDSOPGAVE

Uitspraakgids	9
Afkortingen	10

BASISBEGRIPPEN	11
Basisbegrippen Deel 1	11
1. Voornaamwoorden	11
2. Begroetingen. Begroetingen. Afscheid	11
3. Hoe aan te spreken	12
4. Kardinale getallen. Deel 1	12
5. Kardinale getallen. Deel 2	13
6. Ordinale getallen	14
7. Getallen. Breuken	14
8. Getallen. Eenvoudige berekeningen	14
9. Getallen. Diversen	14
10. De belangrijkste werkwoorden. Deel 1	15
11. De belangrijkste werkwoorden. Deel 2	16
12. De belangrijkste werkwoorden. Deel 3	17
13. De belangrijkste werkwoorden. Deel 4	18
14. Kleuren	19
15. Vragen	19
16. Voorzetsels	20
17. Functiewoorden. Bijwoorden. Deel 1	20
18. Functiewoorden. Bijwoorden. Deel 2	22

Basisbegrippen Deel 2	24
19. Dagen van de week	24
20. Uren. Dag en nacht	24
21. Maanden. Seizoenen	25
22. Meeteenheden	27
23. Containers	28

MENS	29
Mens. Het lichaam	29
24. Hoofd	29
25. Menselijk lichaam	30

Kleding en accessoires	31
26. Bovenkleding. Jassen	31
27. Heren & dames kleding	31

28.	Kleding. Ondergoed	32
29.	Hoofddeksels	32
30.	Schoeisel	32
31.	Persoonlijke accessoires	33
32.	Kleding. Diversen	33
33.	Persoonlijke verzorging. Schoonheidsmiddelen	34
34.	Horloges. Klokken	35

Voedsel. Voeding   36

35.	Voedsel	36
36.	Drankjes	37
37.	Groenten	38
38.	Vruchten. Noten	39
39.	Brood. Snoep	40
40.	Bereide gerechten	40
41.	Kruiden	41
42.	Maaltijden	42
43.	Tafelschikking	43
44.	Restaurant	43

Familie, verwanten en vrienden   44

45.	Persoonlijke informatie. Formulieren	44
46.	Familieleden. Verwanten	44

Geneeskunde   46

47.	Ziekten	46
48.	Symptomen. Behandelingen. Deel 1	47
49.	Symptomen. Behandelingen. Deel 2	48
50.	Symptomen. Behandelingen. Deel 3	49
51.	Artsen	50
52.	Geneeskunde. Medicijnen. Accessoires	50

HET MENSELIJKE LEEFGEBIED   52
Stad   52

53.	Stad. Het leven in de stad	52
54.	Stedelijke instellingen	53
55.	Borden	54
56.	Stedelijk vervoer	55
57.	Bezienswaardigheden	56
58.	Winkelen	57
59.	Geld	58
60.	Post. Postkantoor	59

Woning. Huis. Thuis   60

61.	Huis. Elektriciteit	60

62.	Villa. Herenhuis	60
63.	Appartement	60
64.	Meubels. Interieur	61
65.	Beddengoed	62
66.	Keuken	62
67.	Badkamer	63
68.	Huishoudelijke apparaten	64

MENSELIJKE ACTIVITEITEN 65
Baan. Business. Deel 1 65

69.	Kantoor. Op kantoor werken	65
70.	Bedrijfsprocessen. Deel 1	66
71.	Bedrijfsprocessen. Deel 2	67
72.	Productie. Werken	68
73.	Contract. Overeenstemming.	69
74.	Import & Export	70
75.	Financiën	70
76.	Marketing	71
77.	Reclame	72
78.	Bankieren	72
79.	Telefoon. Telefoongesprek	73
80.	Mobiele telefoon	74
81.	Schrijfbehoeften	74
82.	Soorten bedrijven	74

Baan. Business. Deel 2 77

83.	Show. Tentoonstelling	77
84.	Wetenschap. Onderzoek. Wetenschappers	78

Beroepen en ambachten 80

85.	Zoeken naar werk. Ontslag	80
86.	Zakenmensen	80
87.	Dienstverlenende beroepen	81
88.	Militaire beroepen en rangen	82
89.	Ambtenaren. Priesters	83
90.	Agrarische beroepen	83
91.	Kunst beroepen	84
92.	Verschillende beroepen	84
93.	Beroepen. Sociale status	86

Onderwijs 87

94.	School	87
95.	Hogeschool. Universiteit	88
96.	Wetenschappen. Disciplines	89
97.	Schrift. Spelling	89
98.	Vreemde talen	90

Rusten. Entertainment. Reizen	92
99. Trip. Reizen	92
100. Hotel	92

TECHNISCHE APPARATUUR. VERVOER	94
Technische apparatuur	94
101. Computer	94
102. Internet. E-mail	95
103. Elektriciteit	96
104. Gereedschappen	96

Vervoer	99
105. Vliegtuig	99
106. Trein	100
107. Schip	101
108. Vliegveld	102

Gebeurtenissen in het leven	104
109. Vakanties. Evenement	104
110. Begrafenissen. Begrafenis	105
111. Oorlog. Soldaten	105
112. Oorlog. Militaire acties. Deel 1	106
113. Oorlog. Militaire acties. Deel 2	108
114. Wapens	109
115. Oude mensen	111
116. Middeleeuwen	112
117. Leider. Baas. Autoriteiten	113
118. De wet overtreden. Criminelen. Deel 1	114
119. De wet overtreden. Criminelen. Deel 2	115
120. Politie. Wet. Deel 1	116
121. Politie. Wet. Deel 2	117

NATUUR	119
De Aarde. Deel 1	119
122. De kosmische ruimte	119
123. De Aarde	120
124. Windrichtingen	121
125. Zee. Oceaan	121
126. Namen van zeeën en oceanen	122
127. Bergen	123
128. Bergen namen	124
129. Rivieren	124
130. Namen van rivieren	125
131. Bos	125
132. Natuurlijke hulpbronnen	126

De Aarde. Deel 2 128

133. Weer 128
134. Zwaar weer. Natuurrampen 129

Fauna 130

135. Zoogdieren. Roofdieren 130
136. Wilde dieren 130
137. Huisdieren 131
138. Vogels 132
139. Vis. Zeedieren 134
140. Amfibieën. Reptielen 134
141. Insecten 135

Flora 136

142. Bomen 136
143. Heesters 136
144. Vruchten. Bessen 137
145. Bloemen. Planten 138
146. Granen, graankorrels 139

LANDEN. NATIONALITEITEN 140

147. West-Europa 140
148. Centraal- en Oost-Europa 140
149. Voormalige USSR landen 141
150. Azië 141
151. Noord-Amerika 142
152. Midden- en Zuid-Amerika 142
153. Afrika 143
154. Australië. Oceanië 143
155. Steden 143

UITSPRAAKGIDS

Hiragana	Katakana	Romaji	Japans voorbeeld	T&P fonetisch alfabet	Nederlands voorbeeld

Medeklinkers

Hiragana	Katakana	Romaji	Japans voorbeeld	T&P	Nederlands
あ	ア	a	あなた	[a]	acht
い	イ	i	いす	[i], [i:]	bidden, lila
う	ウ	u	うた	[u], [u:]	hoed, doe
え	エ	e	いいえ	[e]	delen, spreken
お	オ	o	しお	[ɔ]	aankomst, bot
や	ヤ	ya	やすみ	[jɑ]	januari, jaar
ゆ	ユ	yu	ふゆ	[ju]	jullie, aquarium
よ	ヨ	yo	ようす	[jɔ]	New York, jongen

Lettergrepen

Hiragana	Katakana	Romaji	Japans voorbeeld	T&P	Nederlands
ば	バ	b	ばん	[b]	hebben
ち	チ	ch	ちち	[tʃ]	cappuccino, Engels - 'cheese'
だ	ダ	d	からだ	[d]	Dank u, honderd
ふ	フ	f	ひふ	[f]	feestdag, informeren
が	ガ	g	がっこう	[g]	goal, tango
は	ハ	h	はは	[h]	het, herhalen
じ	ジ	j	じしょ	[dʒ]	jeans, jungle
か	カ	k	かぎ	[k]	kennen, kleur
む	ム	m	さむらい	[m]	morgen, etmaal
に	ニ	n	にもつ	[n]	nemen, zonder
ぱ	パ	p	パン	[p]	parallel, koper
ら	ラ	r	いくら	[r]	roepen, breken
さ	サ	s	あさ	[s]	spreken, kosten
し	シ	sh	わたし	[ɕ]	Chicago, jasje
た	タ	t	ふた	[t]	tomaat, taart
つ	ツ	ts	いくつ	[ts]	niets, plaats
わ	ワ	w	わた	[w]	twee, willen
ざ	ザ	z	ざっし	[dz]	zeldzaam

AFKORTINGEN
gebruikt in de woordenschat

Nederlandse afkortingen

mann.	-	mannelijk
vrouw.	-	vrouwelijk
mv.	-	meervoud
on.ww.	-	onovergankelijk werkwoord
ov.ww.	-	overgankelijk werkwoord
bn	-	bijvoeglijk naamwoord
bw	-	bijwoord
abn	-	als bijvoeglijk naamwoord
bijv.	-	bijvoorbeeld
enz.	-	enzovoort
wisk.	-	wiskunde
enk.	-	enkelvoud
ov.	-	over
mil.	-	militair
vn	-	voornaamwoord
telb.	-	telbaar
form.	-	formele taal
ontelb.	-	ontelbaar
inform.	-	informele taal
vw	-	voegwoord
vz	-	voorzetsel
ww	-	werkwoord

Nederlandse artikelen

de	-	gemeenschappelijk geslacht
het	-	onzijdig
de/het	-	onzijdig, gemeenschappelijk geslacht

BASISBEGRIPPEN

Basisbegrippen Deel 1

1. Voornaamwoorden

ik	私	watashi
jij, je	あなた	anata
hij	彼	kare
zij, ze	彼女	kanojo
wij, we	私たち	watashi tachi
jullie	あなたがた	anata ga ta
zij, ze	彼らは	karera wa

2. Begroetingen. Begroetingen. Afscheid

Hallo! Dag!	やあ！	yā!
Hallo!	こんにちは！	konnichiwa!
Goedemorgen!	おはよう！	ohayō!
Goedemiddag!	こんにちは！	konnichiwa!
Goedenavond!	こんばんは！	konbanwa!
gedag zeggen (groeten)	こんにちはと言う	konnichiwa to iu
Hoi!	やあ！	yā!
groeten (het)	挨拶	aisatsu
verwelkomen (ww)	挨拶する	aisatsu suru
Hoe gaat het?	元気？	genki ?
Hoe gaat het met u?	お元気ですか？	wo genki desu ka ?
Hoe is het?	元気？	genki ?
Is er nog nieuws?	調子はどう？	chōshi ha dō ?
Dag! Tot ziens!	さようなら！	sayōnara!
Tot ziens! (form.)	さようなら！	sayōnara!
Doei!	バイバイ！	baibai!
Tot snel! Tot ziens!	じゃあね！	jā ne!
Vaarwel!	さらば！	saraba !
afscheid nemen (ww)	別れを告げる	wakare wo tsugeru
Tot kijk!	またね！	mata ne!
Dank u!	ありがとう！	arigatō!
Dank u wel!	どうもありがとう！	dōmo arigatō!
Graag gedaan	どういたしまして	dōitashimashite
Geen dank!	礼なんていいよ	rei nante ī yo
Geen moeite.	どういたしまして	dōitashimashite
Excuseer me, ... (inform.)	失礼！	shitsurei!

Excuseer me, … (form.)	失礼致します！	shitsurei itashi masu!
excuseren (verontschuldigen)	許す	yurusu
zich verontschuldigen	謝る	ayamaru
Mijn excuses.	おわび致します！	owabi itashi masu!
Het spijt me!	ごめんなさい！	gomennasai!
vergeven (ww)	許す	yurusu
Maakt niet uit!	大丈夫です！	daijōbu desu!
alsjeblieft	お願い	onegai
Vergeet het niet!	忘れないで！	wasure nai de!
Natuurlijk!	もちろん！	mochiron!
Natuurlijk niet!	そんなことないよ！	sonna koto nai yo!
Akkoord!	オーケー！	ōkē!
Zo is het genoeg!	もう十分だ！	mō jūbun da!

3. Hoe aan te spreken

Excuseer me, …	すみません、…	sumimasen , …
meneer	…さん	…san
mevrouw	…さん	…san
juffrouw	…さん	…san
jongeman	…さん	…san
jongen	…ちゃん	…chan
meisje	…ちゃん	…chan

4. Kardinale getallen. Deel 1

nul	ゼロ	zero
een	一	ichi
twee	二	ni
drie	三	san
vier	四	yon
vijf	五	go
zes	六	roku
zeven	七	nana
acht	八	hachi
negen	九	kyū
tien	十	jū
elf	十一	jū ichi
twaalf	十二	jū ni
dertien	十三	jū san
veertien	十四	jū yon
vijftien	十五	jū go
zestien	十六	jū roku
zeventien	十七	jū shichi
achttien	十八	jū hachi
negentien	十九	jū kyū
twintig	二十	ni jū

eenentwintig	二十一	ni jū ichi
tweeëntwintig	二十二	ni jū ni
drieëntwintig	二十三	ni jū san
dertig	三十	san jū
eenendertig	三十一	san jū ichi
tweeëndertig	三十二	san jū ni
drieëndertig	三十三	san jū san
veertig	四十	yon jū
eenenveertig	四十一	yon jū ichi
tweeënveertig	四十二	yon jū ni
drieënveertig	四十三	yon jū san
vijftig	五十	go jū
eenenvijftig	五十一	go jū ichi
tweeënvijftig	五十二	go jū ni
drieënvijftig	五十三	go jū san
zestig	六十	roku jū
eenenzestig	六十一	roku jū ichi
tweeënzestig	六十二	roku jū ni
drieënzestig	六十三	roku jū san
zeventig	七十	nana jū
eenenzeventig	七十一	nana jū ichi
tweeënzeventig	七十二	nana jū ni
drieënzeventig	七十三	nana jū san
tachtig	八十	hachi jū
eenentachtig	八十一	hachi jū ichi
tweeëntachtig	八十二	hachi jū ni
drieëntachtig	八十三	hachi jū san
negentig	九十	kyū jū
eenennegentig	九十一	kyū jū ichi
tweeënnegentig	九十二	kyū jū ni
drieënnegentig	九十三	kyū jū san

5. Kardinale getallen. Deel 2

honderd	百	hyaku
tweehonderd	二百	ni hyaku
driehonderd	三百	san byaku
vierhonderd	四百	yon hyaku
vijfhonderd	五百	go hyaku
zeshonderd	六百	roppyaku
zevenhonderd	七百	nana hyaku
achthonderd	八百	happyaku
negenhonderd	九百	kyū hyaku
duizend	千	sen
tweeduizend	二千	nisen

drieduizend	三千	sanzen
tienduizend	一万	ichiman
honderdduizend	10万	jyūman
miljoen (het)	百万	hyakuman
miljard (het)	十億	jūoku

6. Ordinale getallen

eerste (bn)	第一の	dai ichi no
tweede (bn)	第二の	dai ni no
derde (bn)	第三の	dai san no
vierde (bn)	第四の	dai yon no
vijfde (bn)	第五の	dai go no
zesde (bn)	第六の	dai roku no
zevende (bn)	第七の	dai nana no
achtste (bn)	第八の	dai hachi no
negende (bn)	第九の	dai kyū no
tiende (bn)	第十の	dai jū no

7. Getallen. Breuken

breukgetal (het)	分数	bunsū
half	2分の1	ni bunno ichi
een derde	3分の1	san bunno ichi
kwart	4分の1	yon bunno ichi
een achtste	8分の1	hachi bunno ichi
een tiende	10分の1	jyū bunno ichi
twee derde	3分の2	san bunno ni
driekwart	4分の3	yon bunno san

8. Getallen. Eenvoudige berekeningen

aftrekking (de)	引き算	hikizan
aftrekken (ww)	引き算する	hikizan suru
deling (de)	割り算	warizan
delen (ww)	割る	wareru
optelling (de)	加算	kasan
erbij optellen (bij elkaar voegen)	加算する	kasan suru
optellen (ww)	足す	tasu
vermenigvuldiging (de)	掛け算	kakezan
vermenigvuldigen (ww)	掛ける	kakeru

9. Getallen. Diversen

cijfer (het)	桁数	keta sū
nummer (het)	数字	sūji
telwoord (het)	数詞	sūshi

minteken (het)	負号	fugō
plusteken (het)	正符号	sei fugō
formule (de)	公式	kōshiki
berekening (de)	計算	keisan
tellen (ww)	計算する	keisan suru
bijrekenen (ww)	数える	kazoeru
vergelijken (ww)	比較する	hikaku suru
Hoeveel?	いくら？	ikura ?
som (de), totaal (het)	合計	gōkei
uitkomst (de)	結果	kekka
rest (de)	剰余、余り	jōyo, amari
enkele (bijv. ~ minuten)	少数の	shōsū no
weinig (bw)	少し	sukoshi
restant (het)	残り	nokori
anderhalf	1,5	ittengo
dozijn (het)	ダース	dāsu
middendoor (bw)	半分に	hanbun ni
even (bw)	均等に	kintō ni
helft (de)	半分	hanbun
keer (de)	回	kai

10. De belangrijkste werkwoorden. Deel 1

aanbevelen (ww)	推薦する	suisen suru
aandringen (ww)	主張する	shuchō suru
aankomen (per auto, enz.)	到着する	tōchaku suru
aanraken (ww)	触れる	fureru
adviseren (ww)	助言する	jogen suru
afdalen (on.ww.)	下りる	oriru
afslaan (naar rechts ~)	曲がる	magaru
antwoorden (ww)	回答する	kaitō suru
bang zijn (ww)	怖がる	kowagaru
bedreigen (bijv. met een pistool)	脅す	odosu
bedriegen (ww)	だます	damasu
beëindigen (ww)	終える	oeru
beginnen (ww)	始める	hajimeru
begrijpen (ww)	理解する	rikai suru
beheren (managen)	管理する	kanri suru
beledigen (met scheldwoorden)	侮辱する	bujoku suru
beloven (ww)	約束する	yakusoku suru
bereiden (koken)	料理をする	ryōri wo suru
bespreken (spreken over)	討議する	tōgi suru
bestellen (eten ~)	注文する	chūmon suru
bestraffen (een stout kind ~)	罰する	bassuru
betalen (ww)	払う	harau

betekenen (beduiden)	意味する	imi suru
betreuren (ww)	後悔する	kōkai suru
bevallen (prettig vinden)	好む	konomu
bevelen (mil.)	命令する	meirei suru
bevrijden (stad, enz.)	解放する	kaihō suru
bewaren (ww)	保つ	tamotsu
bezitten (ww)	所有する	shoyū suru
bidden (praten met God)	祈る	inoru
binnengaan (een kamer ~)	入る	hairu
breken (ww)	折る、壊す	oru, kowasu
controleren (ww)	管制する	kansei suru
creëren (ww)	創造する	sōzō suru
deelnemen (ww)	参加する	sanka suru
denken (ww)	思う	omō
doden (ww)	殺す	korosu
doen (ww)	する	suru
dorst hebben (ww)	喉が渇く	nodo ga kawaku

11. De belangrijkste werkwoorden. Deel 2

een hint geven	暗示する	anji suru
eisen (met klem vragen)	要求する	yōkyū suru
excuseren (vergeven)	許す	yurusu
existeren (bestaan)	存在する	sonzai suru
gaan (te voet)	行く	iku
gaan zitten (ww)	座る	suwaru
gaan zwemmen	海水浴をする	kaisuiyoku wo suru
geven (ww)	手渡す	tewatasu
glimlachen (ww)	ほほえむ［微笑む］	hohoemu
goed raden (ww)	言い当てる	īateru
grappen maken (ww)	冗談を言う	jōdan wo iu
graven (ww)	掘る	horu
hebben (ww)	持つ	motsu
helpen (ww)	手伝う	tetsudau
herhalen (opnieuw zeggen)	復唱する	fukushō suru
honger hebben (ww)	腹をすかす	hara wo sukasu
hopen (ww)	希望する	kibō suru
horen (waarnemen met het oor)	聞く	kiku
huilen (wenen)	泣く	naku
huren (huis, kamer)	借りる	kariru
informeren (informatie geven)	知らせる	shiraseru
instemmen (akkoord gaan)	同意する	dōi suru
jagen (ww)	狩る	karu
kennen (kennis hebben van iemand)	知っている	shitte iru

kiezen (ww)	選択する	sentaku suru
klagen (ww)	不平を言う	fuhei wo iu
kosten (ww)	かかる	kakaru
kunnen (ww)	できる	dekiru
lachen (ww)	笑う	warau
laten vallen (ww)	落とす	otosu
lezen (ww)	読む	yomu
liefhebben (ww)	愛する	aisuru
lunchen (ww)	昼食をとる	chūshoku wo toru
nemen (ww)	取る	toru
nodig zijn (ww)	必要である	hitsuyō de aru

12. De belangrijkste werkwoorden. Deel 3

onderschatten (ww)	甘く見る	amaku miru
ondertekenen (ww)	署名する	shomei suru
ontbijten (ww)	朝食をとる	chōshoku wo toru
openen (ww)	開ける	akeru
ophouden (ww)	止める	tomeru
opmerken (zien)	見掛ける	mikakeru
opscheppen (ww)	自慢する	jiman suru
opschrijven (ww)	書き留める	kakitomeru
plannen (ww)	計画する	keikaku suru
prefereren (verkiezen)	好む	konomu
proberen (trachten)	試みる	kokoromiru
redden (ww)	救出する	kyūshutsu suru
rekenen op …	…を頼りにする	… wo tayori ni suru
rennen (ww)	走る	hashiru
reserveren (een hotelkamer ~)	予約する	yoyaku suru
roepen (om hulp)	求める	motomeru
schieten (ww)	撃つ	utsu
schreeuwen (ww)	叫ぶ	sakebu
schrijven (ww)	書く	kaku
souperen (ww)	夕食をとる	yūshoku wo toru
spelen (kinderen)	遊ぶ	asobu
spreken (ww)	話す	hanasu
stelen (ww)	盗む	nusumu
stoppen (pauzeren)	止まる	tomaru
studeren (Nederlands ~)	勉強する	benkyō suru
sturen (zenden)	送る	okuru
tellen (optellen)	計算する	keisan suru
toebehoren …	所有物である	shoyū butsu de aru
toestaan (ww)	許可する	kyoka suru
tonen (ww)	見せる	miseru
twijfelen (onzeker zijn)	疑う	utagau
uitgaan (ww)	出る	deru
uitnodigen (ww)	招待する	shōtai suru

uitspreken (ww)	発音する	hatsuon suru
uitvaren tegen (ww)	叱る [しかる]	shikaru

13. De belangrijkste werkwoorden. Deel 4

vallen (ww)	落ちる	ochiru
vangen (ww)	捕らえる	toraeru
veranderen (anders maken)	変える	kaeru
verbaasd zijn (ww)	驚く	odoroku
verbergen (ww)	隠す	kakusu
verdedigen (je land ~)	防衛する	bōei suru
verenigen (ww)	合体させる	gattai saseru
vergelijken (ww)	比較する	hikaku suru
vergeten (ww)	忘れる	wasureru
vergeven (ww)	許す	yurusu
verklaren (uitleggen)	説明する	setsumei suru
verkopen (per stuk ~)	売る	uru
vermelden (praten over)	言及する	genkyū suru
versieren (decoreren)	飾る	kazaru
vertalen (ww)	翻訳する	honyaku suru
vertrouwen (ww)	信用する	shinyō suru
vervolgen (ww)	続ける	tsuzukeru
verwarren (met elkaar ~)	混同する	kondō suru
verzoeken (ww)	頼む	tanomu
verzuimen (school, enz.)	欠席する	kesseki suru
vinden (ww)	見つける	mitsukeru
vliegen (ww)	飛ぶ	tobu
volgen (ww)	…について行く	… ni tsuiteiku
voorstellen (ww)	提案する	teian suru
voorzien (verwachten)	見越す	mikosu
vragen (ww)	問う	tō
waarnemen (ww)	監視する	kanshi suru
waarschuwen (ww)	警告する	keikoku suru
wachten (ww)	待つ	matsu
weerspreken (ww)	反対する	hantai suru
weigeren (ww)	拒絶する	kyozetsu suru
werken (ww)	働く	hataraku
weten (ww)	知る	shiru
willen (verlangen)	欲する	hossuru
zeggen (ww)	言う	iu
zich haasten (ww)	急ぐ	isogu
zich interesseren voor …	…に興味がある	… ni kyōmi ga aru
zich vergissen (ww)	誤りをする	ayamari wo suru
zich verontschuldigen	謝る	ayamaru
zien (ww)	見る	miru
zijn (ww)	ある	aru
zoeken (ww)	探す	sagasu

| zwemmen (ww) | 泳ぐ | oyogu |
| zwijgen (ww) | 沈黙を守る | chinmoku wo mamoru |

14. Kleuren

kleur (de)	色	iro
tint (de)	色合い	iroai
kleurnuance (de)	色相	shikisō
regenboog (de)	虹	niji

wit (bn)	白い	shiroi
zwart (bn)	黒い	kuroi
grijs (bn)	灰色の	haīro no

groen (bn)	緑の	midori no
geel (bn)	黄色い	kīroi
rood (bn)	赤い	akai

blauw (bn)	青い	aoi
lichtblauw (bn)	水色の	mizu iro no
roze (bn)	ピンクの	pinku no
oranje (bn)	オレンジの	orenji no
violet (bn)	紫色の	murasaki iro no
bruin (bn)	茶色の	chairo no

| goud (bn) | 金色の | kiniro no |
| zilverkleurig (bn) | 銀色の | giniro no |

beige (bn)	ベージュの	bēju no
roomkleurig (bn)	クリームの	kurīmu no
turkoois (bn)	ターコイズブルーの	tākoizuburū no
kersrood (bn)	チェリーレッドの	cherī reddo no
lila (bn)	ライラックの	rairakku no
karmijnrood (bn)	クリムゾンの	kurimuzon no

licht (bn)	薄い	usui
donker (bn)	濃い	koi
fel (bn)	鮮やかな	azayaka na

kleur-, kleurig (bn)	色の	iro no
kleuren- (abn)	カラー…	karā…
zwart-wit (bn)	白黒の	shirokuro no
eenkleurig (bn)	単色の	tanshoku no
veelkleurig (bn)	色とりどりの	irotoridori no

15. Vragen

Wie?	誰？	dare ?
Wat?	何？	nani ?
Waar?	どこに？	doko ni ?
Waarheen?	どちらへ？	dochira he ?
Waar … vandaan?	どこから？	doko kara ?

Wanneer?	いつ？	itsu ?
Waarom?	なんで？	nande ?
Waarom?	どうして？	dōshite ?
Waarvoor dan ook?	何のために？	nan no tame ni ?
Hoe?	どうやって？	dō yatte?
Wat voor …?	どんな ？	donna?
Welk?	どちらの…？	dochira no … ?
Aan wie?	誰に？	dare ni ?
Over wie?	誰のこと？	dare no koto ?
Waarover?	何のこと？	nannokoto ?
Met wie?	誰と？	dare to ?
Van wie? (mann.)	誰のもの？	Dare no mono ?

16. Voorzetsels

met (bijv. ~ beleg)	…と、…と共に	… to, totomoni
zonder (~ accent)	…なしで	… nashi de
naar (in de richting van)	…へ	… he
over (praten ~)	…について	… ni tsuite
voor (in tijd)	…の前に	… no mae ni
voor (aan de voorkant)	…の正面に	… no shōmen ni
onder (lager dan)	下に	shita ni
boven (hoger dan)	上側に	uwagawa ni
op (bovenop)	上に	ue ni
van (uit, afkomstig van)	…から	… kara
van (gemaakt van)	…製の	… sei no
over (bijv. ~ een uur)	…で	… de
over (over de bovenkant)	…を越えて	… wo koe te

17. Functiewoorden. Bijwoorden. Deel 1

Waar?	どこに？	doko ni ?
hier (bw)	ここで	kokode
daar (bw)	そこで	sokode
ergens (bw)	どこかで	doko ka de
nergens (bw)	どこにも	doko ni mo
bij … (in de buurt)	近くで	chikaku de
bij het raam	窓辺に	mado beni
Waarheen?	どちらへ？	dochira he ?
hierheen (bw)	こちらへ	kochira he
daarheen (bw)	そこへ	soko he
hiervandaan (bw)	ここから	koko kara
daarvandaan (bw)	そこから	soko kara
dichtbij (bw)	そばに	soba ni
ver (bw)	遠くに	tōku ni

in de buurt (van ...)	近く	chikaku
vlakbij (bw)	近くに	chikaku ni
niet ver (bw)	遠くない	tōku nai
linker (bn)	左の	hidari no
links (bw)	左に	hidari ni
linksaf, naar links (bw)	左へ	hidari he
rechter (bn)	右の	migi no
rechts (bw)	右に	migi ni
rechtsaf, naar rechts (bw)	右へ	migi he
vooraan (bw)	前に	mae ni
voorste (bn)	前の	mae no
vooruit (bw)	前方へ	zenpō he
achter (bw)	後ろに	ushiro ni
van achteren (bw)	後ろから	ushiro kara
achteruit (naar achteren)	後ろへ	ushiro he
midden (het)	中央	chūō
in het midden (bw)	中央に	chūō ni
opzij (bw)	側面から	sokumen kara
overal (bw)	どこでも	doko demo
omheen (bw)	...の周りを	... no mawari wo
binnenuit (bw)	中から	naka kara
naar ergens (bw)	どこかへ	dokoka he
rechtdoor (bw)	真っ直ぐに	massugu ni
terug (bijv. ~ komen)	戻って	modotte
ergens vandaan (bw)	どこからでも	doko kara demo
ergens vandaan (en dit geld moet ~ komen)	どこからか	doko kara ka
ten eerste (bw)	第一に	dai ichi ni
ten tweede (bw)	第二に	dai ni ni
ten derde (bw)	第三に	dai san ni
plotseling (bw)	急に	kyū ni
in het begin (bw)	初めは	hajime wa
voor de eerste keer (bw)	初めて	hajimete
lang voor ... (bw)	...かなり前に	...kanari mae ni
opnieuw (bw)	新たに	arata ni
voor eeuwig (bw)	永遠に	eien ni
nooit (bw)	一度も	ichi do mo
weer (bw)	再び	futatabi
nu (bw)	今	ima
vaak (bw)	よく	yoku
toen (bw)	あのとき	ano toki
urgent (bw)	至急に	shikyū ni
meestal (bw)	普通は	futsū wa
trouwens, ... (tussen haakjes)	ところで、...	tokorode, ...

mogelijk (bw)	可能な	kanō na
waarschijnlijk (bw)	恐らく［おそらく］	osoraku
misschien (bw)	ことによると	kotoni yoru to
trouwens (bw)	それに	soreni
daarom ...	従って	shitagatte
in weerwil van ...	…にもかかわらず	... ni mo kakawara zu
dankzij ...	…のおかげで	... no okage de
wat (vn)	何	nani
dat (vw)	…ということ	... toyuu koto
iets (vn)	何か	nani ka
iets	何か	nani ka
niets (vn)	何もない	nani mo nai
wie (~ is daar?)	誰	dare
iemand (een onbekende)	ある人	aru hito
iemand (een bepaald persoon)	誰か	dare ka
niemand (vn)	誰も…ない	dare mo ... nai
nergens (bw)	どこへも	doko he mo
niemands (bn)	誰の…でもない	dare no ... de mo nai
iemands (bn)	誰かの	dare ka no
zo (Ik ben ~ blij)	とても	totemo
ook (evenals)	また	mata
alsook (eveneens)	も	mo

18. Functiewoorden. Bijwoorden. Deel 2

Waarom?	どうして？	dōshite ?
om een bepaalde reden	なぜか［何故か］	naze ka
omdat ...	なぜなら	nazenara
voor een bepaald doel	何らかの理由で	nanrakano riyū de
en (vw)	と	to
of (vw)	または	matawa
maar (vw)	でも	demo
voor (vz)	…のために	... no tame ni
te (~ veel mensen)	…すぎる	... sugiru
alleen (bw)	もっぱら	moppara
precies (bw)	正確に	seikaku ni
ongeveer (~ 10 kg)	約	yaku
omstreeks (bw)	おおよそ	ōyoso
bij benadering (bn)	おおよその	ōyosono
bijna (bw)	ほとんど	hotondo
rest (de)	残り	nokori
de andere (tweede)	もう一方の	mōippōno
ander (bn)	他の	hokano
elk (bn)	各	kaku
om het even welk	どれでも	dore demo
veel (telb.)	多くの	ōku no

veel (ontelb.)	多量の	taryō no
veel mensen	多くの人々	ōku no hitobito
iedereen (alle personen)	あらゆる人	arayuru hito
in ruil voor …	…の返礼として	… no henrei toshite
in ruil (bw)	引き換えに	hikikae ni
met de hand (bw)	手で	te de
onwaarschijnlijk (bw)	ほとんど…ない	hotondo … nai
waarschijnlijk (bw)	恐らく［おそらく］	osoraku
met opzet (bw)	わざと	wazato
toevallig (bw)	偶然に	gūzen ni
zeer (bw)	非常に	hijō ni
bijvoorbeeld (bw)	例えば	tatoeba
tussen (~ twee steden)	間	kan
tussen (te midden van)	…の間で	… no made
zoveel (bw)	たくさん	takusan
vooral (bw)	特に	tokuni

Basisbegrippen Deel 2

19. Dagen van de week

maandag (de)	月曜日	getsuyōbi
dinsdag (de)	火曜日	kayōbi
woensdag (de)	水曜日	suiyōbi
donderdag (de)	木曜日	mokuyōbi
vrijdag (de)	金曜日	kinyōbi
zaterdag (de)	土曜日	doyōbi
zondag (de)	日曜日	nichiyōbi
vandaag (bw)	今日	kyō
morgen (bw)	明日	ashita
overmorgen (bw)	明後日［あさって］	asatte
gisteren (bw)	昨日	kinō
eergisteren (bw)	一昨日［おととい］	ototoi
dag (de)	日	nichi
werkdag (de)	営業日	eigyōbi
feestdag (de)	公休	kōkyū
verlofdag (de)	休み	yasumi
weekend (het)	週末	shūmatsu
de hele dag (bw)	一日中	ichi nichi chū
de volgende dag (bw)	翌日	yokujitsu
twee dagen geleden	2日前に	futsu ka mae ni
aan de vooravond (bw)	その前日に	sono zenjitsu ni
dag-, dagelijks (bn)	毎日の	mainichi no
elke dag (bw)	毎日	mainichi
week (de)	週	shū
vorige week (bw)	先週	senshū
volgende week (bw)	来週	raishū
wekelijks (bn)	毎週の	maishū no
elke week (bw)	毎週	maishū
twee keer per week	週に2回	shūni nikai
elke dinsdag	毎週火曜日	maishū kayōbi

20. Uren. Dag en nacht

morgen (de)	朝	asa
's morgens (bw)	朝に	asa ni
middag (de)	正午	shōgo
's middags (bw)	午後に	gogo ni
avond (de)	夕方	yūgata
's avonds (bw)	夕方に	yūgata ni

nacht (de)	夜	yoru
's nachts (bw)	夜に	yoru ni
middernacht (de)	真夜中	mayonaka
seconde (de)	秒	byō
minuut (de)	分	fun, pun
uur (het)	時間	jikan
halfuur (het)	30分	san jū fun
kwartier (het)	15分	jū go fun
vijftien minuten	15分	jū go fun
etmaal (het)	一昼夜	icchūya
zonsopgang (de)	日の出	hinode
dageraad (de)	夜明け	yoake
vroege morgen (de)	早朝	sōchō
zonsondergang (de)	夕日	yūhi
's morgens vroeg (bw)	早朝に	sōchō ni
vanmorgen (bw)	今朝	kesa
morgenochtend (bw)	明日の朝	ashita no asa
vanmiddag (bw)	今日の午後	kyō no gogo
's middags (bw)	午後	gogo
morgenmiddag (bw)	明日の午後	ashita no gogo
vanavond (bw)	今夜	konya
morgenavond (bw)	明日の夜	ashita no yoru
klokslag drie uur	3時ちょうどに	sanji chōdo ni
ongeveer vier uur	4時頃	yoji goro
tegen twaalf uur	12時までに	jūniji made ni
over twintig minuten	20分後	nijuppungo
over een uur	一時間後	ichi jikan go
op tijd (bw)	予定通りに	yotei dōri ni
kwart voor ...	…時15分	… ji jyūgo fun
binnen een uur	1時間で	ichi jikan de
elk kwartier	15分ごとに	jyūgo fun goto ni
de klok rond	昼も夜も	hiru mo yoru mo

21. Maanden. Seizoenen

januari (de)	一月	ichigatsu
februari (de)	二月	nigatsu
maart (de)	三月	sangatsu
april (de)	四月	shigatsu
mei (de)	五月	gogatsu
juni (de)	六月	rokugatsu
juli (de)	七月	shichigatsu
augustus (de)	八月	hachigatsu
september (de)	九月	kugatsu
oktober (de)	十月	jūgatsu

november (de)	十一月	jūichigatsu
december (de)	十二月	jūnigatsu
lente (de)	春	haru
in de lente (bw)	春に	haru ni
lente- (abn)	春の	haru no
zomer (de)	夏	natsu
in de zomer (bw)	夏に	natsu ni
zomer-, zomers (bn)	夏の	natsu no
herfst (de)	秋	aki
in de herfst (bw)	秋に	aki ni
herfst- (abn)	秋の	aki no
winter (de)	冬	fuyu
in de winter (bw)	冬に	fuyu ni
winter- (abn)	冬の	fuyu no
maand (de)	月	tsuki
deze maand (bw)	今月	kongetsu
volgende maand (bw)	来月	raigetsu
vorige maand (bw)	先月	sengetsu
een maand geleden (bw)	一ヶ月前	ichi kagetsu mae
over een maand (bw)	一ヶ月後	ichi kagetsu go
over twee maanden (bw)	二ヶ月後	ni kagetsu go
de hele maand (bw)	丸一ヶ月	maru ichi kagetsu
een volle maand (bw)	一ヶ月間ずっと	ichi kagetsu kan zutto
maand-, maandelijks (bn)	月刊の	gekkan no
maandelijks (bw)	毎月	maitsuki
elke maand (bw)	月1回	tsuki ichi kai
twee keer per maand	月に2回	tsuki ni ni kai
jaar (het)	年	nen
dit jaar (bw)	今年	kotoshi
volgend jaar (bw)	来年	rainen
vorig jaar (bw)	去年	kyonen
een jaar geleden (bw)	一年前	ichi nen mae
over een jaar	一年後	ichi nen go
over twee jaar	二年後	ni nen go
het hele jaar	丸一年	maru ichi nen
een vol jaar	通年	tsūnen
elk jaar	毎年	maitoshi
jaar-, jaarlijks (bn)	毎年の	maitoshi no
jaarlijks (bw)	年1回	toshi ichi kai
4 keer per jaar	年に4回	toshi ni yon kai
datum (de)	日付	hizuke
datum (de)	年月日	nengappi
kalender (de)	カレンダー	karendā
een half jaar	半年	hantoshi
zes maanden	6ヶ月	roku kagetsu

seizoen (bijv. lente, zomer)	季節	kisetsu
eeuw (de)	世紀	seiki

22. Meeteenheden

gewicht (het)	重さ	omo sa
lengte (de)	長さ	naga sa
breedte (de)	幅	haba
hoogte (de)	高さ	taka sa
diepte (de)	深さ	fuka sa
volume (het)	体積	taiseki
oppervlakte (de)	面積	menseki
gram (het)	グラム	guramu
milligram (het)	ミリグラム	miriguramu
kilogram (het)	キログラム	kiroguramu
ton (duizend kilo)	トン	ton
pond (het)	ポンド	pondo
ons (het)	オンス	onsu
meter (de)	メートル	mētoru
millimeter (de)	ミリメートル	mirimētoru
centimeter (de)	センチメートル	senchimētoru
kilometer (de)	キロメートル	kiromētoru
mijl (de)	マイル	mairu
duim (de)	インチ	inchi
voet (de)	フィート	fīto
yard (de)	ヤード	yādo
vierkante meter (de)	平方メートル	heihō mētoru
hectare (de)	ヘクタール	hekutāru
liter (de)	リットル	rittoru
graad (de)	度	do
volt (de)	ボルト	boruto
ampère (de)	アンペア	anpea
paardenkracht (de)	馬力	bariki
hoeveelheid (de)	数量	sūryō
een beetje ...	少し	sukoshi
helft (de)	半分	hanbun
dozijn (het)	ダース	dāsu
stuk (het)	一個	ikko
afmeting (de)	大きさ	ōki sa
schaal (bijv. ~ van 1 op 50)	縮尺	shukushaku
minimaal (bn)	極小の	kyokushō no
minste (bn)	最小の	saishō no
medium (bn)	中位の	chūi no
maximaal (bn)	極大の	kyokudai no
grootste (bn)	最大の	saidai no

23. Containers

glazen pot (de)	ジャー、瓶	jā, bin
blik (conserven~)	缶	kan
emmer (de)	バケツ	baketsu
ton (bijv. regenton)	樽	taru
ronde waterbak (de)	たらい [盥]	tarai
tank (bijv. watertank-70-ltr)	タンク	tanku
heupfles (de)	スキットル	sukittoru
jerrycan (de)	ジェリカン	jerikan
tank (bijv. ketelwagen)	積荷タンク	tsumini tanku
beker (de)	マグカップ	magukappu
kopje (het)	カップ	kappu
schoteltje (het)	ソーサー	sōsā
glas (het)	ガラスのコップ	garasu no koppu
wijnglas (het)	ワイングラス	wain gurasu
steelpan (de)	両手鍋	ryō tenabe
fles (de)	ボトル	botoru
flessenhals (de)	ネック	nekku
karaf (de)	デキャンター	dekyanta
kruik (de)	水差し	mizusashi
vat (het)	器	utsuwa
pot (de)	鉢	hachi
vaas (de)	花瓶	kabin
flacon (de)	瓶	bin
flesje (het)	バイアル	bai aru
tube (bijv. ~ tandpasta)	チューブ	chūbu
zak (bijv. ~ aardappelen)	南京袋	nankinbukuro
tasje (het)	袋	fukuro
pakje (~ sigaretten, enz.)	箱	hako
doos (de)	箱	hako
kist (de)	木箱	ki bako
mand (de)	かご [籠]	kago

MENS

Mens. Het lichaam

24. Hoofd

hoofd (het)	頭	atama
gezicht (het)	顔	kao
neus (de)	鼻	hana
mond (de)	口	kuchi
oog (het)	眼	me
ogen (mv.)	両眼	ryōgan
pupil (de)	瞳	hitomi
wenkbrauw (de)	眉	mayu
wimper (de)	まつげ	matsuge
ooglid (het)	まぶた	mabuta
tong (de)	舌	shita
tand (de)	歯	ha
lippen (mv.)	唇	kuchibiru
jukbeenderen (mv.)	頬骨	hōbone
tandvlees (het)	歯茎	haguki
gehemelte (het)	口蓋	kōgai
neusgaten (mv.)	鼻孔	bikō
kin (de)	あご (頤)	ago
kaak (de)	顎	ago
wang (de)	頬	hō
voorhoofd (het)	額	hitai
slaap (de)	こめかみ	komekami
oor (het)	耳	mimi
achterhoofd (het)	後頭部	kōtōbu
hals (de)	首	kubi
keel (de)	喉	nodo
haren (mv.)	髪の毛	kaminoke
kapsel (het)	髪形	kamigata
haarsnit (de)	髪型	kamigata
pruik (de)	かつら	katsura
snor (de)	口ひげ	kuchihige
baard (de)	あごひげ	agohige
dragen (een baard, enz.)	生やしている	hayashi te iru
vlecht (de)	三つ編み	mitsu ami
bakkebaarden (mv.)	もみあげ	momiage
ros (roodachtig, rossig)	赤毛の	akage no
grijs (~ haar)	白髪の	hakuhatsu no

kaal (bn)	はげ頭の	hageatama no
kale plek (de)	はげた部分	hage ta bubun
paardenstaart (de)	ポニーテール	ponītēru
pony (de)	前髪	maegami

25. Menselijk lichaam

hand (de)	手	te
arm (de)	腕	ude
vinger (de)	指	yubi
teen (de)	つま先	tsumasaki
duim (de)	親指	oyayubi
pink (de)	小指	koyubi
nagel (de)	爪	tsume
vuist (de)	拳	kobushi
handpalm (de)	手のひら	tenohira
pols (de)	手首	tekubi
voorarm (de)	前腕	zen wan
elleboog (de)	肘	hiji
schouder (de)	肩	kata
been (rechter ~)	足 [脚]	ashi
voet (de)	足	ashi
knie (de)	膝	hiza
kuit (de)	ふくらはぎ	fuku ra hagi
heup (de)	腰	koshi
hiel (de)	かかと [踵]	kakato
lichaam (het)	身体	shintai
buik (de)	腹	hara
borst (de)	胸	mune
borst (de)	乳房	chibusa
zijde (de)	脇腹	wakibara
rug (de)	背中	senaka
lage rug (de)	腰背部	yōwa ibu
taille (de)	腰	koshi
navel (de)	へそ [臍]	heso
billen (mv.)	臀部	denbu
achterwerk (het)	尻	shiri
huidvlek (de)	美人ぼくろ	bijinbokuro
moedervlek (de)	母斑	bohan
tatoeage (de)	タトゥー	tatū
litteken (het)	傷跡	kizuato

Kleding en accessoires

26. Bovenkleding. Jassen

kleren (mv.), kleding (de)	洋服	yōfuku
bovenkleding (de)	上着	uwagi
winterkleding (de)	冬服	fuyu fuku
jas (de)	オーバーコート	ōbā kōto
bontjas (de)	毛皮のコート	kegawa no kōto
bontjasje (het)	毛皮のジャケット	kegawa no jaketto
donzen jas (de)	ダウンコート	daun kōto
jasje (bijv. een leren ~)	ジャケット	jaketto
regenjas (de)	レインコート	reinkōto
waterdicht (bn)	防水の	bōsui no

27. Heren & dames kleding

overhemd (het)	ワイシャツ	waishatsu
broek (de)	ズボン	zubon
jeans (de)	ジーンズ	jīnzu
colbert (de)	ジャケット	jaketto
kostuum (het)	背広	sebiro
jurk (de)	ドレス	doresu
rok (de)	スカート	sukāto
blouse (de)	ブラウス	burausu
wollen vest (de)	ニットジャケット	nitto jaketto
blazer (kort jasje)	ジャケット	jaketto
T-shirt (het)	Tシャツ	tīshatsu
shorts (mv.)	半ズボン	han zubon
trainingspak (het)	トラックスーツ	torakku sūtsu
badjas (de)	バスローブ	basurōbu
pyjama (de)	パジャマ	pajama
sweater (de)	セーター	sētā
pullover (de)	プルオーバー	puruōbā
gilet (het)	ベスト	besuto
rokkostuum (het)	燕尾服	enbifuku
smoking (de)	タキシード	takishīdo
uniform (het)	制服	seifuku
werkkleding (de)	作業服	sagyō fuku
overall (de)	オーバーオール	ōbā ōru
doktersjas (de)	コート	kōto

28. Kleding. Ondergoed

ondergoed (het)	下着	shitagi
herenslip (de)	ボクサーパンツ	bokusā pantsu
slipjes (mv.)	パンティー	pantī
onderhemd (het)	タンクトップ	tanku toppu
sokken (mv.)	靴下	kutsushita
nachthemd (het)	ネグリジェ	negurije
beha (de)	ブラジャー	burajā
kniekousen (mv.)	ニーソックス	nīsokkusu
panty (de)	パンティストッキング	pantī sutokkingu
nylonkousen (mv.)	ストッキング	sutokkingu
badpak (het)	水着	mizugi

29. Hoofddeksels

hoed (de)	帽子	bōshi
deukhoed (de)	フェドーラ帽	fedōra bō
honkbalpet (de)	野球帽	yakyū bō
kleppet (de)	ハンチング帽	hanchingu bō
baret (de)	ベレー帽	berē bō
kap (de)	フード	fūdo
panamahoed (de)	パナマ帽	panama bō
gebreide muts (de)	ニット帽	nitto bō
hoofddoek (de)	ヘッドスカーフ	heddo sukāfu
dameshoed (de)	婦人帽子	fujin bōshi
veiligheidshelm (de)	安全ヘルメット	anzen herumetto
veldmuts (de)	略帽	rya ku bō
helm, valhelm (de)	ヘルメット	herumetto
bolhoed (de)	山高帽	yamataka bō
hoge hoed (de)	シルクハット	shiruku hatto

30. Schoeisel

schoeisel (het)	靴	kutsu
schoenen (mv.)	アンクルブーツ	ankuru būtsu
vrouwenschoenen (mv.)	パンプス	panpusu
laarzen (mv.)	ブーツ	būtsu
pantoffels (mv.)	スリッパ	surippa
sportschoenen (mv.)	テニスシューズ	tenisu shūzu
sneakers (mv.)	スニーカー	sunīkā
sandalen (mv.)	サンダル	sandaru
schoenlapper (de)	靴修理屋	kutsu shūri ya
hiel (de)	かかと [踵]	kakato

paar (een ~ schoenen)	靴一足	kutsu issoku
veter (de)	靴ひも	kutsu himo
rijgen (schoenen ~)	靴ひもを結ぶ	kutsu himo wo musubu
schoenlepel (de)	靴べら	kutsubera
schoensmeer (de/het)	靴クリーム	kutsu kurīmu

31. Persoonlijke accessoires

handschoenen (mv.)	手袋	tebukuro
wanten (mv.)	ミトン	miton
sjaal (fleece ~)	マフラー	mafurā
bril (de)	めがね［眼鏡］	megane
brilmontuur (het)	めがねのふち	megane no fuchi
paraplu (de)	傘	kasa
wandelstok (de)	杖	tsue
haarborstel (de)	ヘアブラシ	hea burashi
waaier (de)	扇子	sensu
das (de)	ネクタイ	nekutai
strikje (het)	蝶ネクタイ	chō nekutai
bretels (mv.)	サスペンダー	sasupendā
zakdoek (de)	ハンカチ	hankachi
kam (de)	くし［櫛］	kushi
haarspeldje (het)	髪留め	kami tome
schuifspeldje (het)	ヘアピン	hea pin
gesp (de)	バックル	bakkuru
broekriem (de)	ベルト	beruto
draagriem (de)	ショルダーベルト	shorudā beruto
handtas (de)	バッグ	baggu
damestas (de)	ハンドバッグ	hando baggu
rugzak (de)	バックパック	bakku pakku

32. Kleding. Diversen

mode (de)	ファッション	fasshon
de mode (bn)	流行の	ryūkō no
kledingstilist (de)	ファッションデザイナー	fasshon dezainā
kraag (de)	襟	eri
zak (de)	ポケット	poketto
zak- (abn)	ポケットの	poketto no
mouw (de)	袖	sode
lusje (het)	ハンガールーフ	hangā rūpu
gulp (de)	ズボンのファスナー	zubon no fasunā
rits (de)	チャック	chakku
sluiting (de)	ファスナー	fasunā
knoop (de)	ボタン	botan

knoopsgat (het)	ボタンの穴	botan no ana
losraken (bijv. knopen)	取れる	toreru
naaien (kleren, enz.)	縫う	nū
borduren (ww)	刺繍する	shishū suru
borduursel (het)	刺繍	shishū
naald (de)	縫い針	nui bari
draad (de)	糸	ito
naad (de)	縫い目	nuime
vies worden (ww)	汚れる	yogoreru
vlek (de)	染み	shimi
gekreukt raken (ov. kleren)	しわになる	shiwa ni naru
scheuren (ov.ww.)	引き裂く	hikisaku
mot (de)	コイガ	koi ga

33. Persoonlijke verzorging. Schoonheidsmiddelen

tandpasta (de)	歯磨き粉	hamigakiko
tandenborstel (de)	歯ブラシ	haburashi
tanden poetsen (ww)	歯を磨く	ha wo migaku
scheermes (het)	カミソリ［剃刀］	kamisori
scheerschuim (het)	シェービングクリーム	shēbingu kurīmu
zich scheren (ww)	ひげを剃る	hige wo soru
zeep (de)	せっけん［石鹸］	sekken
shampoo (de)	シャンプー	shanpū
schaar (de)	はさみ	hasami
nagelvijl (de)	爪やすり	tsume yasuri
nagelknipper (de)	爪切り	tsume giri
pincet (het)	ピンセット	pinsetto
cosmetica (de)	化粧品	keshō hin
masker (het)	フェイスパック	feisu pakku
manicure (de)	マニキュア	manikyua
manicure doen	マニキュアをしてもらう	manikyua wo shi te morau
pedicure (de)	ペディキュア	pedikyua
cosmetica tasje (het)	化粧ポーチ	keshō pōchi
poeder (de/het)	フェイスパウダー	feisu pauda
poederdoos (de)	ファンデーション	fandēshon
rouge (de)	チーク	chīku
parfum (de/het)	香水	kōsui
eau de toilet (de)	オードトワレ	ōdotoware
lotion (de)	ローション	rō shon
eau de cologne (de)	オーデコロン	ōdekoron
oogschaduw (de)	アイシャドウ	aishadō
oogpotlood (het)	アイライナー	airainā
mascara (de)	マスカラ	masukara
lippenstift (de)	口紅	kuchibeni

nagellak (de)	ネイルポリッシュ	neiru porisshu
haarlak (de)	ヘアスプレー	hea supurē
deodorant (de)	デオドラント	deodoranto
crème (de)	クリーム	kurīmu
gezichtscrème (de)	フェイスクリーム	feisu kurīmu
handcrème (de)	ハンドクリーム	hando kurīmu
antirimpelcrème (de)	しわ取りクリーム	shiwa tori kurīmu
dagcrème (de)	昼用クリーム	hiruyō kurīmu
nachtcrème (de)	夜用クリーム	yoruyō kurīmu
dag- (abn)	昼用…	hiruyō …
nacht- (abn)	夜用…	yoruyō …
tampon (de)	タンポン	tanpon
toiletpapier (het)	トイレットペーパー	toiretto pēpā
föhn (de)	ヘアドライヤー	hea doraiyā

34. Horloges. Klokken

polshorloge (het)	時計	tokei
wijzerplaat (de)	ダイヤル	daiyaru
wijzer (de)	針	hari
metalen horlogeband (de)	金属ベルト	kinzoku beruto
horlogebandje (het)	腕時計バンド	udedokei bando
batterij (de)	電池	denchi
leeg zijn (ww)	切れる	kireru
batterij vervangen	電池を交換する	denchi wo kōkan suru
voorlopen (ww)	進んでいる	susundeiru
achterlopen (ww)	遅れている	okureteiru
wandklok (de)	掛け時計	kakedokei
zandloper (de)	砂時計	sunadokei
zonnewijzer (de)	日時計	hidokei
wekker (de)	目覚まし時計	mezamashi dokei
horlogemaker (de)	時計職人	tokei shokunin
repareren (ww)	修理する	shūri suru

Voedsel. Voeding

35. Voedsel

Nederlands	Japans	Romaji
vlees (het)	肉	niku
kip (de)	鶏	niwatori
kuiken (het)	若鶏	wakadori
eend (de)	ダック	dakku
gans (de)	ガチョウ	gachō
wild (het)	獲物	emono
kalkoen (de)	七面鳥	shichimenchō
varkensvlees (het)	豚肉	buta niku
kalfsvlees (het)	子牛肉	kōshi niku
schapenvlees (het)	子羊肉	kohitsuji niku
rundvlees (het)	牛肉	gyū niku
konijnenvlees (het)	兎肉	usagi niku
worst (de)	ソーセージ	sōsēji
saucijs (de)	ソーセージ	sōsēji
spek (het)	ベーコン	bēkon
ham (de)	ハム	hamu
gerookte achterham (de)	ガモン	gamon
paté, pastei (de)	パテ	pate
lever (de)	レバー	rebā
varkensvet (het)	ラード	rādo
gehakt (het)	挽肉	hikiniku
tong (de)	タン	tan
ei (het)	卵	tamago
eieren (mv.)	卵	tamago
eiwit (het)	卵の白身	tamago no shiromi
eigeel (het)	卵の黄身	tamago no kimi
vis (de)	魚	sakana
zeevruchten (mv.)	魚介	gyokai
kaviaar (de)	キャビア	kyabia
krab (de)	カニ [蟹]	kani
garnaal (de)	エビ	ebi
oester (de)	カキ [牡蠣]	kaki
langoest (de)	伊勢エビ	ise ebi
octopus (de)	タコ	tako
inktvis (de)	イカ	ika
steur (de)	チョウザメ	chōzame
zalm (de)	サケ [鮭]	sake
heilbot (de)	ハリバット	haribatto
kabeljauw (de)	タラ [鱈]	tara

makreel (de)	サバ [鯖]	saba
tonijn (de)	マグロ [鮪]	maguro
paling (de)	ウナギ [鰻]	unagi
forel (de)	マス [鱒]	masu
sardine (de)	イワシ	iwashi
snoek (de)	カワカマス	kawakamasu
haring (de)	ニシン	nishin
brood (het)	パン	pan
kaas (de)	チーズ	chīzu
suiker (de)	砂糖	satō
zout (het)	塩	shio
rijst (de)	米	kome
pasta (de)	パスタ	pasuta
noedels (mv.)	麺	men
boter (de)	バター	batā
plantaardige olie (de)	植物油	shokubutsu yu
zonnebloemolie (de)	ひまわり油	himawari yu
margarine (de)	マーガリン	māgarin
olijven (mv.)	オリーブ	orību
olijfolie (de)	オリーブ油	orību yu
melk (de)	乳、ミルク	nyū, miruku
gecondenseerde melk (de)	練乳	rennyū
yoghurt (de)	ヨーグルト	yōguruto
zure room (de)	サワークリーム	sawā kurīmu
room (de)	クリーム	kurīmu
mayonaise (de)	マヨネーズ	mayonēzu
crème (de)	バタークリーム	batā kurīmu
graan (het)	穀物	kokumotsu
meel (het), bloem (de)	小麦粉	komugiko
conserven (mv.)	缶詰	kanzume
maïsvlokken (mv.)	コーンフレーク	kōn furēku
honing (de)	蜂蜜	hachimitsu
jam (de)	ジャム	jamu
kauwgom (de)	チューインガム	chūin gamu

36. Drankjes

water (het)	水	mizu
drinkwater (het)	飲用水	inyō sui
mineraalwater (het)	ミネラルウォーター	mineraru wōtā
zonder gas	無炭酸の	mu tansan no
koolzuurhoudend (bn)	炭酸の	tansan no
bruisend (bn)	発泡性の	happō sei no
ijs (het)	氷	kōri

met ijs	氷入りの	kōri iri no
alcohol vrij (bn)	ノンアルコールの	non arukōru no
alcohol vrije drank (de)	炭酸飲料	tansan inryō
frisdrank (de)	清涼飲料水	seiryōinryōsui
limonade (de)	レモネード	remonēdo
alcoholische dranken (mv.)	アルコール	arukōru
wijn (de)	ワイン	wain
witte wijn (de)	白ワイン	shiro wain
rode wijn (de)	赤ワイン	aka wain
likeur (de)	リキュール	rikyūru
champagne (de)	シャンパン	shanpan
vermout (de)	ベルモット	berumotto
whisky (de)	ウイスキー	uisukī
wodka (de)	ウォッカ	wokka
gin (de)	ジン	jin
cognac (de)	コニャック	konyakku
rum (de)	ラム酒	ramu shu
koffie (de)	コーヒー	kōhī
zwarte koffie (de)	ブラックコーヒー	burakku kōhī
koffie (de) met melk	ミルク入りコーヒー	miruku iri kōhī
cappuccino (de)	カプチーノ	kapuchīno
oploskoffie (de)	インスタントコーヒー	insutanto kōhī
melk (de)	乳、ミルク	nyū, miruku
cocktail (de)	カクテル	kakuteru
milkshake (de)	ミルクセーキ	miruku sēki
sap (het)	ジュース	jūsu
tomatensap (het)	トマトジュース	tomato jūsu
sinaasappelsap (het)	オレンジジュース	orenji jūsu
vers geperst sap (het)	搾りたてのジュース	shibori tate no jūsu
bier (het)	ビール	bīru
licht bier (het)	ライトビール	raito bīru
donker bier (het)	黒ビール	kuro bīru
thee (de)	茶	cha
zwarte thee (de)	紅茶	kō cha
groene thee (de)	緑茶	ryoku cha

37. Groenten

groenten (mv.)	野菜	yasai
verse kruiden (mv.)	青物	aomono
tomaat (de)	トマト	tomato
augurk (de)	きゅうり［胡瓜］	kyūri
wortel (de)	ニンジン［人参］	ninjin
aardappel (de)	ジャガイモ	jagaimo
ui (de)	たまねぎ［玉葱］	tamanegi

knoflook (de)	ニンニク	ninniku
kool (de)	キャベツ	kyabetsu
bloemkool (de)	カリフラワー	karifurawā
spruitkool (de)	メキャベツ	mekyabetsu
broccoli (de)	ブロッコリー	burokkorī
rode biet (de)	テーブルビート	tēburu bīto
aubergine (de)	ナス	nasu
courgette (de)	ズッキーニ	zukkīni
pompoen (de)	カボチャ	kabocha
raap (de)	カブ	kabu
peterselie (de)	パセリ	paseri
dille (de)	ディル	diru
sla (de)	レタス	retasu
selderij (de)	セロリ	serori
asperge (de)	アスパラガス	asuparagasu
spinazie (de)	ホウレンソウ	hōrensō
erwt (de)	エンドウ	endō
bonen (mv.)	豆類	mamerui
maïs (de)	トウモロコシ	tōmorokoshi
boon (de)	金時豆	kintoki mame
peper (de)	コショウ	koshō
radijs (de)	ハツカダイコン	hatsukadaikon
artisjok (de)	アーティチョーク	ātichōku

38. Vruchten. Noten

vrucht (de)	果物	kudamono
appel (de)	リンゴ	ringo
peer (de)	洋梨	yōnashi
citroen (de)	レモン	remon
sinaasappel (de)	オレンジ	orenji
aardbei (de)	イチゴ [苺]	ichigo
mandarijn (de)	マンダリン	mandarin
pruim (de)	プラム	puramu
perzik (de)	モモ [桃]	momo
abrikoos (de)	アンズ [杏子]	anzu
framboos (de)	ラズベリー (木苺)	razuberī
ananas (de)	パイナップル	painappuru
banaan (de)	バナナ	banana
watermeloen (de)	スイカ	suika
druif (de)	ブドウ [葡萄]	budō
kers (de)	チェリー	cherī
zure kers (de)	サワー チェリー	sawā cherī
zoete kers (de)	スイート チェリー	suīto cherī
meloen (de)	メロン	meron
grapefruit (de)	グレープフルーツ	gurēbu furūtsu
avocado (de)	アボカド	abokado

papaja (de)	パパイヤ	papaiya
mango (de)	マンゴー	mangō
granaatappel (de)	ザクロ	zakuro
rode bes (de)	フサスグリ	fusa suguri
zwarte bes (de)	クロスグリ	kuro suguri
kruisbes (de)	セイヨウスグリ	seiyō suguri
bosbes (de)	ビルベリー	biruberī
braambes (de)	ブラックベリー	burakku berī
rozijn (de)	レーズン	rēzun
vijg (de)	イチジク	ichijiku
dadel (de)	デーツ	dētsu
pinda (de)	ピーナッツ	pīnattsu
amandel (de)	アーモンド	āmondo
walnoot (de)	クルミ（胡桃）	kurumi
hazelnoot (de)	ヘーゼルナッツ	hēzeru nattsu
kokosnoot (de)	ココナッツ	koko nattsu
pistaches (mv.)	ピスタチオ	pisutachio

39. Brood. Snoep

suikerbakkerij (de)	菓子類	kashi rui
brood (het)	パン	pan
koekje (het)	クッキー	kukkī
chocolade (de)	チョコレート	chokorēto
chocolade- (abn)	チョコレートの	chokorēto no
snoepje (het)	キャンディー	kyandī
cakeje (het)	ケーキ	kēki
taart (bijv. verjaardags~)	ケーキ	kēki
pastei (de)	パイ	pai
vulling (de)	フィリング	firingu
confituur (de)	ジャム	jamu
marmelade (de)	マーマレード	māmarēdo
wafel (de)	ワッフル	waffuru
IJsje (het)	アイスクリーム	aisukurīmu
pudding (de)	プディング	pudingu

40. Bereide gerechten

gerecht (het)	料理	ryōri
keuken (bijv. Franse ~)	料理	ryōri
recept (het)	レシピ	reshipi
portie (de)	一人前	ichi ninmae
salade (de)	サラダ	sarada
soep (de)	スープ	sūpu
bouillon (de)	ブイヨン	buiyon

boterham (de)	サンドイッチ	sandoicchi
spiegelei (het)	目玉焼き	medamayaki
hamburger (de)	クロケット	kuroketto
hamburger (de)	ハンバーガー	hanbāgā
biefstuk (de)	ビーフステーキ	bīfusutēki
hutspot (de)	シチュー	shichū
garnering (de)	付け合わせ	tsukeawase
spaghetti (de)	スパゲッティ	supagetti
aardappelpuree (de)	マッシュポテト	masshupoteto
pizza (de)	ピザ	piza
pap (de)	ポリッジ	porijji
omelet (de)	オムレツ	omuretsu
gekookt (in water)	煮た	ni ta
gerookt (bn)	薫製の	kunsei no
gebakken (bn)	揚げた	age ta
gedroogd (bn)	干した	hoshi ta
diepvries (bn)	冷凍の	reitō no
gemarineerd (bn)	酢漬けの	suzuke no
zoet (bn)	甘い	amai
gezouten (bn)	塩味の	shioaji no
koud (bn)	冷たい	tsumetai
heet (bn)	熱い	atsui
bitter (bn)	苦い	nigai
lekker (bn)	美味しい	oishī
koken (in kokend water)	水で煮る	mizu de niru
bereiden (avondmaaltijd ~)	料理をする	ryōri wo suru
bakken (ww)	揚げる	ageru
opwarmen (ww)	温める	atatameru
zouten (ww)	塩をかける	shio wo kakeru
peperen (ww)	コショウをかける	koshō wo kakeru
raspen (ww)	すりおろす	suri orosu
schil (de)	皮	kawa
schillen (ww)	皮をむく	kawa wo muku

41. Kruiden

zout (het)	塩	shio
gezouten (bn)	塩味の	shioaji no
zouten (ww)	塩をかける	shio wo kakeru
zwarte peper (de)	黒コショウ	kuro koshō
rode peper (de)	赤唐辛子	aka tōgarashi
mosterd (de)	マスタード	masutādo
mierikswortel (de)	セイヨウワサビ	seiyō wasabi
condiment (het)	調味料	chōmiryō
specerij, kruiderij (de)	香辛料	kōshinryō
saus (de)	ソース	sōsu

azijn (de)	酢、ピネガー	su, binegā
anijs (de)	アニス	anisu
basilicum (de)	バジル	bajiru
kruidnagel (de)	クローブ	kurōbu
gember (de)	生姜、ジンジャー	shōga, jinjā
koriander (de)	コリアンダー	koriandā
kaneel (de/het)	シナモン	shinamon
sesamzaad (het)	ゴマ［胡麻］	goma
laurierblad (het)	ローリエ	rōrie
paprika (de)	パプリカ	papurika
komijn (de)	キャラウェイ	kyarawei
saffraan (de)	サフラン	safuran

42. Maaltijden

eten (het)	食べ物	tabemono
eten (ww)	食べる	taberu
ontbijt (het)	朝食	chōshoku
ontbijten (ww)	朝食をとる	chōshoku wo toru
lunch (de)	昼食	chūshoku
lunchen (ww)	昼食をとる	chūshoku wo toru
avondeten (het)	夕食	yūshoku
souperen (ww)	夕食をとる	yūshoku wo toru
eetlust (de)	食欲	shokuyoku
Eet smakelijk!	どうぞお召し上がり下さい！	dōzo o meshiagarikudasai!
openen (een fles ~)	開ける	akeru
morsen (koffie, enz.)	こぼす	kobosu
zijn gemorst	こぼれる	koboreru
koken (water kookt bij 100°C)	沸く	waku
koken (Hoe om water te ~)	沸かす	wakasu
gekookt (~ water)	沸騰させた	futtō sase ta
afkoelen (koeler maken)	冷やす	hiyasu
afkoelen (koeler worden)	冷える	hieru
smaak (de)	味	aji
nasmaak (de)	後味	atoaji
volgen een dieet	ダイエットをする	daietto wo suru
dieet (het)	ダイエット	daietto
vitamine (de)	ビタミン	bitamin
calorie (de)	カロリー	karorī
vegetariër (de)	ベジタリアン	bejitarian
vegetarisch (bn)	ベジタリアン用の	bejitarian yōno
vetten (mv.)	脂肪	shibō
eiwitten (mv.)	タンパク質［蛋白質］	tanpaku shitsu
koolhydraten (mv.)	炭水化物	tansuikabutsu
snede (de)	スライス	suraisu
stuk (bijv. een ~ taart)	一切れ	ichi kire
kruimel (de)	くず	kuzu

43. Tafelschikking

lepel (de)	スプーン	supūn
mes (het)	ナイフ	naifu
vork (de)	フォーク	fōku
kopje (het)	カップ	kappu
bord (het)	皿	sara
schoteltje (het)	ソーサー	sōsā
servet (het)	ナフキン	nafukin
tandenstoker (de)	つまようじ［爪楊枝］	tsumayōji

44. Restaurant

restaurant (het)	レストラン	resutoran
koffiehuis (het)	喫茶店	kissaten
bar (de)	パブ、バー	pabu, bā
tearoom (de)	喫茶店	kissaten
kelner, ober (de)	ウェイター	weitā
serveerster (de)	ウェートレス	wētoresu
barman (de)	バーテンダー	bātendā
menu (het)	メニュー	menyū
wijnkaart (de)	ワインリスト	wain risuto
een tafel reserveren	テーブルを予約する	tēburu wo yoyaku suru
gerecht (het)	料理	ryōri
bestellen (eten ~)	注文する	chūmon suru
een bestelling maken	注文する	chūmon suru
aperitief (de/het)	アペリティフ	aperitifu
voorgerecht (het)	前菜	zensai
dessert (het)	デザート	dezāto
rekening (de)	お勘定	okanjō
de rekening betalen	勘定を払う	kanjō wo harau
wisselgeld teruggeven	釣り銭を渡す	tsurisen wo watasu
fooi (de)	チップ	chippu

Familie, verwanten en vrienden

45. Persoonlijke informatie. Formulieren

naam (de)	名前	namae
achternaam (de)	姓	sei
geboortedatum (de)	誕生日	tanjō bi
geboorteplaats (de)	出生地	shusseichi
nationaliteit (de)	国籍	kokuseki
woonplaats (de)	住所	jūsho
land (het)	国	kuni
beroep (het)	職業	shokugyō
geslacht (ov. het vrouwelijk ~)	性	sei
lengte (de)	身長	shinchō
gewicht (het)	体重	taijū

46. Familieleden. Verwanten

moeder (de)	母親	hahaoya
vader (de)	父親	chichioya
zoon (de)	息子	musuko
dochter (de)	娘	musume
jongste dochter (de)	下の娘	shitano musume
jongste zoon (de)	下の息子	shitano musuko
oudste dochter (de)	長女	chōjo
oudste zoon (de)	長男	chōnan
broer (de)	兄、弟、兄弟	ani, otōto, kyoōdai
oudere broer (de)	兄	ani
jongere broer (de)	弟	otōto
zuster (de)	姉、妹、姉妹	ane, imōto, shimai
oudere zuster (de)	姉	ane
jongere zuster (de)	妹	imōto
neef (zoon van oom/tante)	従兄弟	itoko
nicht (dochter van oom/tante)	従姉妹	itoko
mama (de)	お母さん	okāsan
papa (de)	お父さん	otōsan
ouders (mv.)	親	oya
kind (het)	子供	kodomo
kinderen (mv.)	子供	kodomo
oma (de)	祖母	sobo
opa (de)	祖父	sofu

kleinzoon (de)	孫息子	mago musuko
kleindochter (de)	孫娘	mago musume
kleinkinderen (mv.)	孫	mago
oom (de)	伯父	oji
tante (de)	伯母	oba
neef (zoon van broer/zus)	甥	oi
nicht (dochter van broer/zus)	姪	mei
schoonmoeder (de)	妻の母親	tsuma no hahaoya
schoonvader (de)	義父	gifu
schoonzoon (de)	娘の夫	musume no otto
stiefmoeder (de)	継母	keibo
stiefvader (de)	継父	keifu
zuigeling (de)	乳児	nyūji
wiegenkind (het)	赤ん坊	akanbō
kleuter (de)	子供	kodomo
vrouw (de)	妻	tsuma
man (de)	夫	otto
echtgenoot (de)	配偶者	haigū sha
echtgenote (de)	配偶者	haigū sha
gehuwd (mann.)	既婚の	kikon no
gehuwd (vrouw.)	既婚の	kikon no
ongehuwd (mann.)	独身の	dokushin no
vrijgezel (de)	独身男性	dokushin dansei
gescheiden (bn)	離婚した	rikon shi ta
weduwe (de)	未亡人	mibōjin
weduwnaar (de)	男やもめ	otokoyamome
familielid (het)	親戚	shinseki
dichte familielid (het)	近い親戚	chikai shinseki
verre familielid (het)	遠い親戚	tōi shinseki
familieleden (mv.)	親族	shinzoku
wees (de), weeskind (het)	孤児	koji
voogd (de)	後見人	kōkennin
adopteren (een jongen te ~)	養子にする	yōshi ni suru
adopteren (een meisje te ~)	養女にする	yōjo ni suru

Geneeskunde

47. Ziekten

ziekte (de)	病気	byōki
ziek zijn (ww)	病気になる	byōki ni naru
gezondheid (de)	健康	kenkō
snotneus (de)	鼻水	hanamizu
angina (de)	狭心症	kyōshinshō
verkoudheid (de)	風邪	kaze
verkouden raken (ww)	風邪をひく	kaze wo hiku
bronchitis (de)	気管支炎	kikanshien
longontsteking (de)	肺炎	haien
griep (de)	インフルエンザ	infuruenza
bijziend (bn)	近視の	kinshi no
verziend (bn)	遠視の	enshi no
scheelheid (de)	斜視	shashi
scheel (bn)	斜視の	shashi no
grauwe staar (de)	白内障	hakunaishō
glaucoom (het)	緑内障	ryokunaishō
beroerte (de)	脳卒中	nōsocchū
hartinfarct (het)	心臓発作	shinzō hossa
myocardiaal infarct (het)	心筋梗塞	shinkinkōsoku
verlamming (de)	まひ［麻痺］	mahi
verlammen (ww)	まひさせる	mahi saseru
allergie (de)	アレルギー	arerugī
astma (de/het)	ぜんそく［喘息］	zensoku
diabetes (de)	糖尿病	tōnyō byō
tandpijn (de)	歯痛	shitsū
tandbederf (het)	カリエス	kariesu
diarree (de)	下痢	geri
constipatie (de)	便秘	benpi
maagstoornis (de)	胃のむかつき	i no mukatsuki
voedselvergiftiging (de)	食中毒	shokuchūdoku
voedselvergiftiging oplopen	食中毒にかかる	shokuchūdoku ni kakaru
artritis (de)	関節炎	kansetsu en
rachitis (de)	くる病	kuru yamai
reuma (het)	リューマチ	ryūmachi
arteriosclerose (de)	アテローム性動脈硬化	ate rōmu sei dōmyaku kōka
gastritis (de)	胃炎	ien
blindedarmontsteking (de)	虫垂炎	chūsuien

galblaasontsteking (de)	胆嚢炎	tannō en
zweer (de)	潰瘍	kaiyō
mazelen (mv.)	麻疹	hashika
rodehond (de)	風疹	fūshin
geelzucht (de)	黄疸	ōdan
leverontsteking (de)	肝炎	kanen
schizofrenie (de)	統合失調症	tōgō shicchō shō
dolheid (de)	恐水病	kyōsuibyō
neurose (de)	神経症	shinkeishō
hersenschudding (de)	脳震とう（脳震盪）	nōshintō
kanker (de)	がん［癌］	gan
sclerose (de)	硬化症	kōka shō
multiple sclerose (de)	多発性硬化症	tahatsu sei kōka shō
alcoholisme (het)	アルコール依存症	arukōru izon shō
alcoholicus (de)	アルコール依存症患者	arukōru izon shō kanja
syfilis (de)	梅毒	baidoku
AIDS (de)	エイズ	eizu
tumor (de)	腫瘍	shuyō
kwaadaardig (bn)	悪性の	akusei no
goedaardig (bn)	良性の	ryōsei no
koorts (de)	発熱	hatsunetsu
malaria (de)	マラリア	mararia
gangreen (het)	壊疽	eso
zeeziekte (de)	船酔い	fune yoi
epilepsie (de)	てんかん［癲癇］	tenkan
epidemie (de)	伝染病	densen byō
tyfus (de)	チフス	chifusu
tuberculose (de)	結核	kekkaku
cholera (de)	コレラ	korera
pest (de)	ペスト	pesuto

48. Symptomen. Behandelingen. Deel 1

symptoom (het)	兆候	chōkō
temperatuur (de)	体温	taion
verhoogde temperatuur (de)	熱	netsu
polsslag (de)	脈拍	myakuhaku
duizeling (de)	目まい［眩暈］	memai
heet (erg warm)	熱い	atsui
koude rillingen (mv.)	震え	furue
bleek (bn)	青白い	aojiroi
hoest (de)	咳	seki
hoesten (ww)	咳をする	seki wo suru
niezen (ww)	くしゃみをする	kushami wo suru
flauwte (de)	気絶	kizetsu

flauwvallen (ww)	気絶する	kizetsu suru
blauwe plek (de)	打ち身	uchimi
buil (de)	たんこぶ	tankobu
zich stoten (ww)	あざができる	aza ga dekiru
kneuzing (de)	打撲傷	dabokushō
kneuzen (gekneusd zijn)	打撲する	daboku suru
hinken (ww)	足を引きずる	ashi wo hikizuru
verstuiking (de)	脱臼	dakkyū
verstuiken (enkel, enz.)	脱臼する	dakkyū suru
breuk (de)	骨折	kossetsu
een breuk oplopen	骨折する	kossetsu suru
snijwond (de)	切り傷	kirikizu
zich snijden (ww)	切り傷を負う	kirikizu wo ō
bloeding (de)	出血	shukketsu
brandwond (de)	火傷	yakedo
zich branden (ww)	火傷する	yakedo suru
prikken (ww)	刺す	sasu
zich prikken (ww)	自分を刺す	jibun wo sasu
blesseren (ww)	けがする	kega suru
blessure (letsel)	けが [怪我]	kega
wond (de)	負傷	fushō
trauma (het)	外傷	gaishō
IJlen (ww)	熱に浮かされる	netsu ni ukasareru
stotteren (ww)	どもる	domoru
zonnesteek (de)	日射病	nisshabyō

49. Symptomen. Behandelingen. Deel 2

pijn (de)	痛み	itami
splinter (de)	とげ [棘]	toge
zweet (het)	汗	ase
zweten (ww)	汗をかく	ase wo kaku
braking (de)	嘔吐	ōto
stuiptrekkingen (mv.)	けいれん [痙攣]	keiren
zwanger (bn)	妊娠している	ninshin shi te iru
geboren worden (ww)	生まれる	umareru
geboorte (de)	分娩	bumben
baren (ww)	分娩する	bumben suru
abortus (de)	妊娠中絶	ninshin chūzetsu
ademhaling (de)	呼吸	kokyū
inademing (de)	息を吸うこと	iki wo sū koto
uitademing (de)	息を吐くこと	iki wo haku koto
uitademen (ww)	息を吐く	iki wo haku
inademen (ww)	息を吸う	iki wo sū
invalide (de)	障害者	shōgai sha
gehandicapte (de)	身障者	shinshōsha

drugsverslaafde (de)	麻薬中毒者	mayaku chūdoku sha
doof (bn)	ろうの [聾の]	rō no
stom (bn)	口のきけない	kuchi no kike nai
doofstom (bn)	ろうあの [聾唖の]	rōa no
krankzinnig (bn)	狂気の	kyōki no
krankzinnige (man)	狂人	kyōjin
krankzinnige (vrouw)	狂女	kyōjo
krankzinnig worden	気が狂う	ki ga kurū
gen (het)	遺伝子	idenshi
immuniteit (de)	免疫	meneki
erfelijk (bn)	遺伝性の	iden sei no
aangeboren (bn)	先天性の	senten sei no
virus (het)	ウィルス	wirusu
microbe (de)	細菌	saikin
bacterie (de)	バクテリア	bakuteria
infectie (de)	伝染	densen

50. Symptomen. Behandelingen. Deel 3

ziekenhuis (het)	病院	byōin
patiënt (de)	患者	kanja
diagnose (de)	診断	shindan
genezing (de)	療養	ryōyō
medische behandeling (de)	治療	chiryō
onder behandeling zijn	治療を受ける	chiryō wo ukeru
behandelen (ww)	治療する	chiryō suru
zorgen (zieken ~)	看護する	kango suru
ziekenzorg (de)	看護	kango
operatie (de)	手術	shujutsu
verbinden (een arm ~)	包帯をする	hōtai wo suru
verband (het)	包帯を巻くこと	hōtai wo maku koto
vaccin (het)	予防接種	yobō sesshu
inenten (vaccineren)	予防接種をする	yobō sesshu wo suru
injectie (de)	注射	chūsha
een injectie geven	注射する	chūsha suru
aanval (de)	発作	hossa
amputatie (de)	切断手術	setsudan shujutsu
amputeren (ww)	切断する	setsudan suru
coma (het)	昏睡	konsui
in coma liggen	昏睡状態になる	konsui jōtai ni naru
intensieve zorg, ICU (de)	集中治療	shūchū chiryō
zich herstellen (ww)	回復する	kaifuku suru
toestand (de)	体調	taichō
bewustzijn (het)	意識	ishiki
geheugen (het)	記憶	kioku
trekken (een kies ~)	抜く	nuku

vulling (de)	詰め物	tsume mono
vullen (ww)	詰め物をする	tsume mono wo suru
hypnose (de)	催眠術	saimin jutsu
hypnotiseren (ww)	催眠術をかける	saimin jutsu wo kakeru

51. Artsen

dokter, arts (de)	医者	isha
ziekenzuster (de)	看護師	kangoshi
lijfarts (de)	町医者	machīsha
tandarts (de)	歯科医	shikai
oogarts (de)	眼科医	gankai
therapeut (de)	内科医	naikai
chirurg (de)	外科医	gekai
psychiater (de)	精神科医	seishin kai
pediater (de)	小児科医	shōnikai
psycholoog (de)	心理学者	shinri gakusha
gynaecoloog (de)	婦人科医	fujin kai
cardioloog (de)	心臓内科医	shinzō naikai

52. Geneeskunde. Medicijnen. Accessoires

geneesmiddel (het)	薬	kusuri
middel (het)	治療薬	chiryō yaku
voorschrijven (ww)	処方する	shohō suru
recept (het)	処方	shohō
tablet (de/het)	錠剤	jōzai
zalf (de)	軟膏	nankō
ampul (de)	アンプル	anpuru
drank (de)	調合薬	chōgō yaku
siroop (de)	シロップ	shiroppu
pil (de)	丸剤	gan zai
poeder (de/het)	粉薬	konagusuri
verband (het)	包帯	hōtai
watten (mv.)	脱脂綿	dasshimen
jodium (het)	ヨード	yōdo
pleister (de)	ばんそうこう [絆創膏]	bansōkō
pipet (de)	アイドロッパー	aidoroppā
thermometer (de)	体温計	taionkei
spuit (de)	注射器	chūsha ki
rolstoel (de)	車椅子	kurumaisu
krukken (mv.)	松葉杖	matsubazue
pijnstiller (de)	痛み止め	itami tome
laxeermiddel (het)	下剤	gezai

spiritus (de)	エタノール	etanoru
medicinale kruiden (mv.)	薬草	yakusō
kruiden- (abn)	薬草の	yakusō no

HET MENSELIJKE LEEFGEBIED

Stad

53. Stad. Het leven in de stad

stad (de)	市、町	shi, machi
hoofdstad (de)	首都	shuto
dorp (het)	村	mura
plattegrond (de)	市街地図	shigai chizu
centrum (ov. een stad)	中心街	chūshin gai
voorstad (de)	郊外	kōgai
voorstads- (abn)	郊外の	kōgai no
randgemeente (de)	町外れ	machihazure
omgeving (de)	近郊	kinkō
blok (huizenblok)	街区	gaiku
woonwijk (de)	住宅街	jūtaku gai
verkeer (het)	交通	kōtsū
verkeerslicht (het)	信号	shingō
openbaar vervoer (het)	公共交通機関	kōkyō kōtsū kikan
kruispunt (het)	交差点	kōsaten
zebrapad (oversteekplaats)	横断歩道	ōdan hodō
onderdoorgang (de)	地下道	chikadō
oversteken (de straat ~)	横断する	ōdan suru
voetganger (de)	歩行者	hokō sha
trottoir (het)	歩道	hodō
brug (de)	橋	hashi
dijk (de)	堤防	teibō
fontein (de)	噴水	funsui
allee (de)	散歩道	sanpomichi
park (het)	公園	kōen
boulevard (de)	大通り	ōdōri
plein (het)	広場	hiroba
laan (de)	アヴェニュー	avenyū
straat (de)	通り	tōri
zijstraat (de)	わき道 [脇道]	wakimichi
doodlopende straat (de)	行き止まり	ikidomari
huis (het)	家屋	kaoku
gebouw (het)	建物	tatemono
wolkenkrabber (de)	摩天楼	matenrō
gevel (de)	ファサード	fasādo
dak (het)	屋根	yane

venster (het)	窓	mado
boog (de)	アーチ	āchi
pilaar (de)	柱	hashira
hoek (ov. een gebouw)	角	kado
vitrine (de)	ショーウインドー	shōuindō
gevelreclame (de)	店看板	mise kanban
affiche (de/het)	ポスター	posutā
reclameposter (de)	広告ポスター	kōkoku posutā
aanplakbord (het)	広告掲示板	kōkoku keijiban
vuilnis (de/het)	ゴミ［ごみ］	gomi
vuilnisbak (de)	ゴミ入れ	gomi ire
afval weggooien (ww)	ゴミを投げ捨てる	gomi wo nagesuteru
stortplaats (de)	ゴミ捨て場	gomi suteba
telefooncel (de)	電話ボックス	denwa bokkusu
straatlicht (het)	街灯柱	gaitō bashira
bank (de)	ベンチ	benchi
politieagent (de)	警官	keikan
politie (de)	警察	keisatsu
zwerver (de)	こじき	kojiki
dakloze (de)	ホームレス	hōmuresu

54. Stedelijke instellingen

winkel (de)	店、…屋	mise, …ya
apotheek (de)	薬局	yakkyoku
optiek (de)	眼鏡店	megane ten
winkelcentrum (het)	ショッピングモール	shoppingu mōru
supermarkt (de)	スーパーマーケット	sūpāmāketto
bakkerij (de)	パン屋	panya
bakker (de)	パン職人	pan shokunin
banketbakkerij (de)	菓子店	kashi ten
kruidenier (de)	食料品店	shokuryō hin ten
slagerij (de)	肉屋	nikuya
groentewinkel (de)	八百屋	yaoya
markt (de)	市場	ichiba
koffiehuis (het)	喫茶店	kissaten
restaurant (het)	レストラン	resutoran
bar (de)	パブ	pabu
pizzeria (de)	ピザ屋	piza ya
kapperssalon (de/het)	美容院	biyō in
postkantoor (het)	郵便局	yūbin kyoku
stomerij (de)	クリーニング屋	kurīningu ya
fotostudio (de)	写真館	shashin kan
schoenwinkel (de)	靴屋	kutsuya
boekhandel (de)	本屋	honya

sportwinkel (de)	スポーツ店	supōtsu ten
kledingreparatie (de)	洋服直し専門店	yōfuku naoshi senmon ten
kledingverhuur (de)	貸衣裳店	kashi ishō ten
videotheek (de)	レンタルビデオ店	rentarubideo ten
circus (de/het)	サーカス	sākasu
dierentuin (de)	動物園	dōbutsu en
bioscoop (de)	映画館	eiga kan
museum (het)	博物館	hakubutsukan
bibliotheek (de)	図書館	toshokan
theater (het)	劇場	gekijō
opera (de)	オペラハウス	opera hausu
nachtclub (de)	ナイトクラブ	naito kurabu
casino (het)	カジノ	kajino
moskee (de)	モスク	mosuku
synagoge (de)	シナゴーグ	shinagōgu
kathedraal (de)	大聖堂	dai seidō
tempel (de)	寺院	jīn
kerk (de)	教会	kyōkai
instituut (het)	大学	daigaku
universiteit (de)	大学	daigaku
school (de)	学校	gakkō
gemeentehuis (het)	県庁舎	ken chōsha
stadhuis (het)	市役所	shiyaku sho
hotel (het)	ホテル	hoteru
bank (de)	銀行	ginkō
ambassade (de)	大使館	taishikan
reisbureau (het)	旅行代理店	ryokō dairi ten
informatieloket (het)	案内所	annai sho
wisselkantoor (het)	両替所	ryōgae sho
metro (de)	地下鉄	chikatetsu
ziekenhuis (het)	病院	byōin
benzinestation (het)	ガソリンスタンド	gasorin sutando
parking (de)	駐車場	chūsha jō

55. Borden

gevelreclame (de)	店看板	mise kanban
opschrift (het)	看板	kanban
poster (de)	ポスター	posutā
wegwijzer (de)	方向看板	hōkō kanban
pijl (de)	矢印	yajirushi
waarschuwing (verwittiging)	注意	chūi
waarschuwingsbord (het)	警告表示	keikoku hyōji
waarschuwen (ww)	警告する	keikoku suru
vrije dag (de)	定休日	teikyū bi

dienstregeling (de)	営業時間の看板	eigyō jikan no kanban
openingsuren (mv.)	営業時間	eigyō jikan
WELKOM!	ようこそ	yōkoso
INGANG	入口	iriguchi
UITGANG	出口	deguchi
DUWEN	押す	osu
TREKKEN	引く	hiku
OPEN	営業中	eigyō chū
GESLOTEN	休業日	kyūgyōbi
DAMES	女性	josei
HEREN	男性	dansei
KORTING	割引	waribiki
UITVERKOOP	バーゲンセール	bāgen sēru
NIEUW!	新発売！	shin hatsubai!
GRATIS	無料	muryō
PAS OP!	ご注意！	go chūi!
VOLGEBOEKT	満室	manshitsu
GERESERVEERD	御予約席	go yoyaku seki
ADMINISTRATIE	支配人	shihainin
ALLEEN VOOR PERSONEEL	関係者以外立入禁止	kankei sha igai tachīrikinshi
GEVAARLIJKE HOND	猛犬注意	mōken chūi
VERBODEN TE ROKEN!	禁煙	kinen
NIET AANRAKEN!	手を触れるな	te wo fureru na
GEVAARLIJK	危険	kiken
GEVAAR	危険	kiken
HOOGSPANNING	高電圧	kō denatsu
VERBODEN TE ZWEMMEN	水泳禁止	suiei kinshi
BUITEN GEBRUIK	故障中	koshō chū
ONTVLAMBAAR	可燃性物質	kanen sei busshitsu
VERBODEN	禁止	kinshi
DOORGANG VERBODEN	通り抜け禁止	tōrinuke kinshi
OPGELET PAS GEVERFD	ペンキ塗りたて	penki nuritate

56. Stedelijk vervoer

bus, autobus (de)	バス	basu
tram (de)	路面電車	romen densha
trolleybus (de)	トロリーバス	tororībasu
route (de)	路線	rosen
nummer (busnummer, enz.)	番号	bangō
rijden met ...	…で行く	... de iku
stappen (in de bus ~)	乗る	noru
afstappen (ww)	降りる	oriru

halte (de)	停	toma
volgende halte (de)	次の停車駅	tsugi no teishaeki
eindpunt (het)	終着駅	shūchakueki
dienstregeling (de)	時刻表	jikoku hyō
wachten (ww)	待つ	matsu
kaartje (het)	乗車券	jōsha ken
reiskosten (de)	運賃	unchin
kassier (de)	販売員	hanbai in
kaartcontrole (de)	集札	shū satsu
controleur (de)	車掌	shashō
te laat zijn (ww)	遅れる	okureru
missen (de bus ~)	逃す	nogasu
zich haasten (ww)	急ぐ	isogu
taxi (de)	タクシー	takushī
taxichauffeur (de)	タクシーの運転手	takushī no unten shu
met de taxi (bw)	タクシーで	takushī de
taxistandplaats (de)	タクシー乗り場	takushī noriba
een taxi bestellen	タクシーを呼ぶ	takushī wo yobu
een taxi nemen	タクシーに乗る	takushī ni noru
verkeer (het)	交通	kōtsū
file (de)	渋滞	jūtai
spitsuur (het)	ラッシュアワー	rasshuawā
parkeren (on.ww.)	駐車する	chūsha suru
parkeren (ov.ww.)	駐車する	chūsha suru
parking (de)	駐車場	chūsha jō
metro (de)	地下鉄	chikatetsu
halte (bijv. kleine treinhalte)	駅	eki
de metro nemen	地下鉄で行く	chikatetsu de iku
trein (de)	列車	ressha
station (treinstation)	鉄道駅	tetsudō eki

57. Bezienswaardigheden

monument (het)	記念碑	kinen hi
vesting (de)	要塞	yōsai
paleis (het)	宮殿	kyūden
kasteel (het)	城	shiro
toren (de)	塔	tō
mausoleum (het)	マウソレウム	mausoreumu
architectuur (de)	建築	kenchiku
middeleeuws (bn)	中世の	chūsei no
oud (bn)	古代の	kodai no
nationaal (bn)	国の	kuni no
bekend (bn)	有名な	yūmei na
toerist (de)	観光客	kankō kyaku
gids (de)	ガイド	gaido

rondleiding (de)	小旅行	shō ryokō
tonen (ww)	案内する	annai suru
vertellen (ww)	話をする	hanashi wo suru
vinden (ww)	見つける	mitsukeru
verdwalen (de weg kwijt zijn)	道に迷う	michi ni mayō
plattegrond (~ van de metro)	地図	chizu
plattegrond (~ van de stad)	地図	chizu
souvenir (het)	土産	miyage
souvenirwinkel (de)	土産品店	miyage hin ten
een foto maken (ww)	写真に撮る	shashin ni toru
zich laten fotograferen	写真を撮られる	shashin wo torareru

58. Winkelen

kopen (ww)	買う	kau
aankoop (de)	買い物	kaimono
winkelen (ww)	買い物に行く	kaimono ni iku
winkelen (het)	ショッピング	shoppingu
open zijn (ov. een winkel, enz.)	開いている	hiraite iru
gesloten zijn (ww)	閉まっている	shimatte iru
schoeisel (het)	履物	hakimono
kleren (mv.)	洋服	yōfuku
cosmetica (de)	化粧品	keshō hin
voedingswaren (mv.)	食料品	shokuryō hin
geschenk (het)	土産	miyage
verkoper (de)	店員、売り子	tenin, uriko
verkoopster (de)	店員、売り子	tenin, uriko
kassa (de)	レジ	reji
spiegel (de)	鏡	kagami
toonbank (de)	カウンター	kauntā
paskamer (de)	試着室	shichaku shitsu
aanpassen (ww)	試着する	shichaku suru
passen (ov. kleren)	合う	au
bevallen (prettig vinden)	好む	konomu
prijs (de)	価格	kakaku
prijskaartje (het)	値札	nefuda
kosten (ww)	かかる	kakaru
Hoeveel?	いくら?	ikura ?
korting (de)	割引	waribiki
niet duur (bn)	安価な	anka na
goedkoop (bn)	安い	yasui
duur (bn)	高い	takai
Dat is duur.	それは高い	sore wa takai
verhuur (de)	レンタル	rentaru

huren (smoking, enz.)	レンタルする	rentaru suru
krediet (het)	信用取引	shinyō torihiki
op krediet (bw)	付けで	tsuke de

59. Geld

geld (het)	お金	okane
ruil (de)	両替	ryōgae
koers (de)	為替レート	kawase rēto
geldautomaat (de)	ATM	ētīemu
muntstuk (de)	コイン	koin
dollar (de)	ドル	doru
euro (de)	ユーロ	yūro
lire (de)	リラ	rira
Duitse mark (de)	ドイツマルク	doitsu maruku
frank (de)	フラン	furan
pond sterling (het)	スターリング・ポンド	sutāringu pondo
yen (de)	円	en
schuld (geldbedrag)	債務	saimu
schuldenaar (de)	債務者	saimu sha
uitlenen (ww)	貸す	kasu
lenen (geld ~)	借りる	kariru
bank (de)	銀行	ginkō
bankrekening (de)	口座	kōza
storten (ww)	預金する	yokin suru
op rekening storten	口座に預金する	kōza ni yokin suru
opnemen (ww)	引き出す	hikidasu
kredietkaart (de)	クレジットカード	kurejitto kādo
baar geld (het)	現金	genkin
cheque (de)	小切手	kogitte
een cheque uitschrijven	小切手を書く	kogitte wo kaku
chequeboekje (het)	小切手帳	kogitte chō
portefeuille (de)	財布	saifu
geldbeugel (de)	小銭入れ	kozeni ire
portemonnee (de)	札入れ	satsu ire
safe (de)	金庫	kinko
erfgenaam (de)	相続人	sōzokunin
erfenis (de)	相続	sōzoku
fortuin (het)	財産	zaisan
huur (de)	賃貸	chintai
huurprijs (de)	家賃	yachin
huren (huis, kamer)	借りる	kariru
prijs (de)	価格	kakaku
kostprijs (de)	費用	hiyō
som (de)	合計金額	gōkei kingaku

uitgeven (geld besteden)	お金を使う	okane wo tsukau
kosten (mv.)	出費	shuppi
bezuinigen (ww)	倹約する	kenyaku suru
zuinig (bn)	節約の	setsuyaku no
betalen (ww)	払う	harau
betaling (de)	支払い	shiharai
wisselgeld (het)	おつり	o tsuri
belasting (de)	税	zei
boete (de)	罰金	bakkin
beboeten (bekeuren)	罰金を科す	bakkin wo kasu

60. Post. Postkantoor

postkantoor (het)	郵便局	yūbin kyoku
post (de)	郵便物	yūbin butsu
postbode (de)	郵便配達人	yūbin haitatsu jin
openingsuren (mv.)	営業時間	eigyō jikan
brief (de)	手紙	tegami
aangetekende brief (de)	書留郵便	kakitome yūbin
briefkaart (de)	はがき［葉書］	hagaki
telegram (het)	電報	denpō
postpakket (het)	小包	kozutsumi
overschrijving (de)	送金	sōkin
ontvangen (ww)	受け取る	uketoru
sturen (zenden)	送る	okuru
verzending (de)	送信	sōshin
adres (het)	住所	jūsho
postcode (de)	郵便番号	yūbin bangō
verzender (de)	送り主	okurinushi
ontvanger (de)	受取人	uketorinin
naam (de)	名前	namae
achternaam (de)	姓	sei
tarief (het)	郵便料金	yūbin ryōkin
standaard (bn)	通常の	tsūjō no
zuinig (bn)	エコノミー航空	ekonomīkōkū
gewicht (het)	重さ	omo sa
afwegen (op de weegschaal)	量る	hakaru
envelop (de)	封筒	fūtō
postzegel (de)	郵便切手	yūbin kitte
een postzegel plakken op	封筒に切手を貼る	fūtō ni kitte wo haru

Woning. Huis. Thuis

61. Huis. Elektriciteit

elektriciteit (de)	電気	denki
lamp (de)	電球	denkyū
schakelaar (de)	スイッチ	suicchi
zekering (de)	ヒューズ	hyūzu
draad (de)	電線、ケーブル	densen, kēburu
bedrading (de)	電気配線	denki haisen
elektriciteitsmeter (de)	電気メーター	denki mētā
gegevens (mv.)	検針値	kenshin chi

62. Villa. Herenhuis

landhuisje (het)	田舎の邸宅	inaka no teitaku
villa (de)	別荘	bessō
vleugel (de)	翼棟	yokutō
tuin (de)	庭	niwa
park (het)	庭園	teien
oranjerie (de)	温室	onshitsu
onderhouden (tuin, enz.)	手入れをする	teire wo suru
zwembad (het)	プール	pūru
gym (het)	ジム	jimu
tennisveld (het)	テニスコート	tenisu kōto
bioscoopkamer (de)	ホームシアター	hōmu shiatā
garage (de)	車庫	shako
privé-eigendom (het)	私有地	shiyūchi
eigen terrein (het)	民有地	minyū chi
waarschuwing (de)	警告	keikoku
waarschuwingsbord (het)	警告表示	keikoku hyōji
bewaking (de)	警備	keibi
bewaker (de)	警備員	keibi in
inbraakalarm (het)	強盗警報機	gōtō keihō ki

63. Appartement

appartement (het)	アパート	apāto
kamer (de)	部屋	heya
slaapkamer (de)	寝室	shinshitsu

eetkamer (de)	食堂	shokudō
salon (de)	居間	ima
studeerkamer (de)	書斎	shosai
gang (de)	玄関	genkan
badkamer (de)	浴室	yokushitsu
toilet (het)	トイレ	toire
plafond (het)	天井	tenjō
vloer (de)	床	yuka
hoek (de)	隅	sumi

64. Meubels. Interieur

meubels (mv.)	家具	kagu
tafel (de)	テーブル	tēburu
stoel (de)	椅子	isu
bed (het)	ベッド	beddo
bankstel (het)	ソファ	sofa
fauteuil (de)	肘掛け椅子	hijikake isu
boekenkast (de)	書棚	shodana
boekenrek (het)	棚	tana
stellingkast (de)	違い棚	chigaidana
kledingkast (de)	ワードローブ	wādo rōbu
kapstok (de)	ウォールハンガー	wōru hangā
staande kapstok (de)	コートスタンド	kōto sutando
commode (de)	チェスト	chesuto
salontafeltje (het)	コーヒーテーブル	kōhī tēburu
spiegel (de)	鏡	kagami
tapijt (het)	カーペット	kāpetto
tapijtje (het)	マット	matto
haard (de)	暖炉	danro
kaars (de)	ろうそく	rōsoku
kandelaar (de)	ろうそく立て	rōsoku date
gordijnen (mv.)	カーテン	kāten
behang (het)	壁紙	kabegami
jaloezie (de)	ブラインド	buraindo
bureaulamp (de)	テーブルランプ	tēburu ranpu
wandlamp (de)	ウォールランプ	wōru ranpu
staande lamp (de)	フロアスタンド	furoa sutando
luchter (de)	シャンデリア	shanderia
poot (ov. een tafel, enz.)	脚	ashi
armleuning (de)	肘掛け	hijikake
rugleuning (de)	背もたれ	semotare
la (de)	引き出し	hikidashi

65. Beddengoed

beddengoed (het)	寝具	shingu
kussen (het)	枕	makura
kussenovertrek (de)	枕カバー	makura kabā
deken (de)	毛布	mōfu
laken (het)	シーツ	shītsu
sprei (de)	ベッドカバー	beddo kabā

66. Keuken

keuken (de)	台所	daidokoro
gas (het)	ガス	gasu
gasfornuis (het)	ガスコンロ	gasu konro
elektrisch fornuis (het)	電気コンロ	denki konro
oven (de)	オーブン	ōbun
magnetronoven (de)	電子レンジ	denshi renji
koelkast (de)	冷蔵庫	reizōko
diepvriezer (de)	冷凍庫	reitōko
vaatwasmachine (de)	食器洗い機	shokkiarai ki
vleesmolen (de)	肉挽き器	niku hiki ki
vruchtenpers (de)	ジューサー	jūsā
toaster (de)	トースター	tōsutā
mixer (de)	ハンドミキサー	hando mikisā
koffiemachine (de)	コーヒーメーカー	kōhī mēkā
koffiepot (de)	コーヒーポット	kōhī potto
koffiemolen (de)	コーヒーグラインダー	kōhī guraindā
fluitketel (de)	やかん	yakan
theepot (de)	急須	kyūsu
deksel (de/het)	蓋［ふた］	futa
theezeefje (het)	茶漉し	chakoshi
lepel (de)	さじ［匙］	saji
theelepeltje (het)	茶さじ	cha saji
eetlepel (de)	大さじ［大匙］	ōsaji
vork (de)	フォーク	fōku
mes (het)	ナイフ	naifu
vaatwerk (het)	食器	shokki
bord (het)	皿	sara
schoteltje (het)	ソーサー	sōsā
likeurglas (het)	ショットグラス	shotto gurasu
glas (het)	コップ	koppu
kopje (het)	カップ	kappu
suikerpot (de)	砂糖入れ	satō ire
zoutvat (het)	塩入れ	shio ire
pepervat (het)	胡椒入れ	koshō ire

boterschaaltje (het)	バター皿	batā zara
steelpan (de)	両手鍋	ryō tenabe
bakpan (de)	フライパン	furaipan
pollepel (de)	おたま	o tama
vergiet (de/het)	水切りボール	mizukiri bōru
dienblad (het)	配膳盆	haizen bon
fles (de)	ボトル	botoru
glazen pot (de)	ジャー、瓶	jā, bin
blik (conserven~)	缶	kan
flesopener (de)	栓抜き	sen nuki
blikopener (de)	缶切り	kankiri
kurkentrekker (de)	コルク抜き	koruku nuki
filter (de/het)	フィルター	firutā
filteren (ww)	フィルターにかける	firutā ni kakeru
huisvuil (het)	ゴミ［ごみ］	gomi
vuilnisemmer (de)	ゴミ箱	gomibako

67. Badkamer

badkamer (de)	浴室	yokushitsu
water (het)	水	mizu
kraan (de)	蛇口	jaguchi
warm water (het)	温水	onsui
koud water (het)	冷水	reisui
tandpasta (de)	歯磨き粉	hamigakiko
tanden poetsen (ww)	歯を磨く	ha wo migaku
tandenborstel (de)	歯ブラシ	haburashi
zich scheren (ww)	ひげを剃る	hige wo soru
scheercrème (de)	シェービングフォーム	shēbingu fōmu
scheermes (het)	剃刀	kamisori
wassen (ww)	洗う	arau
een bad nemen	風呂に入る	furo ni hairu
douche (de)	シャワー	shawā
een douche nemen	シャワーを浴びる	shawā wo abiru
bad (het)	浴槽	yokusō
toiletpot (de)	トイレ、便器	toire, benki
wastafel (de)	洗面台	senmen dai
zeep (de)	石鹸	sekken
zeepbakje (het)	石鹸皿	sekken zara
spons (de)	スポンジ	suponji
shampoo (de)	シャンプー	shanpū
handdoek (de)	タオル	taoru
badjas (de)	バスローブ	basurōbu
was (bijv. handwas)	洗濯	sentaku
wasmachine (de)	洗濯機	sentaku ki

de was doen	洗濯する	sentaku suru
waspoeder (de)	洗剤	senzai

68. Huishoudelijke apparaten

televisie (de)	テレビ	terebi
cassettespeler (de)	テープレコーダー	tēpurekōdā
videorecorder (de)	ビデオ	bideo
radio (de)	ラジオ	rajio
speler (de)	プレーヤー	purēyā
videoprojector (de)	ビデオプロジェクター	bideo purojekutā
home theater systeem (het)	ホームシアター	hōmu shiatā
DVD-speler (de)	DVDプレーヤー	dībuidī purēyā
versterker (de)	アンプ	anpu
spelconsole (de)	ゲーム機	gēmu ki
videocamera (de)	ビデオカメラ	bideo kamera
fotocamera (de)	カメラ	kamera
digitale camera (de)	デジタルカメラ	dejitaru kamera
stofzuiger (de)	掃除機	sōji ki
strijkijzer (het)	アイロン	airon
strijkplank (de)	アイロン台	airondai
telefoon (de)	電話	denwa
mobieltje (het)	携帯電話	keitai denwa
schrijfmachine (de)	タイプライター	taipuraitā
naaimachine (de)	ミシン	mishin
microfoon (de)	マイクロフォン	maikurofon
koptelefoon (de)	ヘッドホン	heddohon
afstandsbediening (de)	リモコン	rimokon
CD (de)	CD（シーディー）	shīdī
cassette (de)	カセットテープ	kasettotēpu
vinylplaat (de)	レコード	rekōdo

MENSELIJKE ACTIVITEITEN

Baan. Business. Deel 1

69. Kantoor. Op kantoor werken

Nederlands	Japans	Romaji
kantoor (het)	オフィス	ofisu
kamer (de)	室	shitsu
receptie (de)	受付	uketsuke
secretaris (de)	秘書	hisho
secretaresse (de)	秘書	hisho
directeur (de)	責任者	sekinin sha
manager (de)	マネージャー	manējā
boekhouder (de)	会計士	kaikeishi
werknemer (de)	社員	shain
meubilair (het)	家具	kagu
tafel (de)	デスク	desuku
bureaustoel (de)	ワーキングチェア	wākingu chea
ladeblok (het)	キャビネット	kyabinetto
kapstok (de)	コートスタンド	kōto sutando
computer (de)	コンピューター	konpyūtā
printer (de)	プリンター	purintā
fax (de)	ファックス	fakkusu
kopieerapparaat (het)	コピー機	kopī ki
papier (het)	用紙	yōshi
kantoorartikelen (mv.)	事務用品	jimu yōhin
muismat (de)	マウスパッド	mausu paddo
blad (het)	一枚の紙	ichimai no kami
ordner (de)	バインダー	baindā
catalogus (de)	カタログ	katarogu
telefoongids (de)	電話帳	denwa chō
documentatie (de)	付随資料	fuzui shiryō
brochure (de)	パンフレット	panfuretto
flyer (de)	チラシ	chirashi
monster (het), staal (de)	見本	mihon
training (de)	研修	kenshū
vergadering (de)	会議	kaigi
lunchpauze (de)	昼食時間	chūshoku jikan
een kopie maken	コピーする	kopī suru
de kopieën maken	複製部コピーする	fukusū bu kopī suru
een fax ontvangen	ファックスを受け取る	fakkusu wo uketoru
een fax versturen	ファックスを送る	fakusu wo okuru

opbellen (ww)	電話する	denwa suru
antwoorden (ww)	出る	deru
doorverbinden (ww)	電話をつなぐ	denwa wo tsunagu
afspreken (ww)	段取りをつける	dandori wo tsukeru
demonstreren (ww)	デモをする	demo wo suru
absent zijn (ww)	欠席する	kesseki suru
afwezigheid (de)	欠席	kesseki

70. Bedrijfsprocessen. Deel 1

bedrijf (business)	商売	shōbai
zaak (de), beroep (het)	職業	shokugyō
firma (de)	会社	kaisha
bedrijf (maatschap)	会社	kaisha
corporatie (de)	法人	hōjin
onderneming (de)	企業	kigyō
agentschap (het)	代理店	dairi ten
overeenkomst (de)	合意書	gōi sho
contract (het)	契約	keiyaku
transactie (de)	取引	torihiki
bestelling (de)	注文	chūmon
voorwaarde (de)	条件	jōken
in het groot (bw)	卸売で	oroshiuri de
groothandels- (abn)	卸売の	oroshiuri no
groothandel (de)	卸売り	oroshiuri
kleinhandels- (abn)	小売の	kōri no
kleinhandel (de)	小売り	kōri
concurrent (de)	競争相手	kyōsō aite
concurrentie (de)	競争	kyōsō
concurreren (ww)	競争する	kyōsō suru
partner (de)	パートナー	pātonā
partnerschap (het)	協力関係	kyōryoku kankei
crisis (de)	危機	kiki
bankroet (het)	破産	hasan
bankroet gaan (ww)	破産する	hasan suru
moeilijkheid (de)	困難	konnan
probleem (het)	問題	mondai
catastrofe (de)	大失敗	dai shippai
economie (de)	景気	keiki
economisch (bn)	景気の	keiki no
economische recessie (de)	景気後退	keiki kōtai
doel (het)	目標	mokuhyō
taak (de)	任務	ninmu
handelen (handel drijven)	商売をする	shōbai wo suru
netwerk (het)	網	mō

voorraad (de)	在庫	zaiko
assortiment (het)	仕分け	shiwake
leider (de)	トップ企業	toppu kigyō
groot (bn)	大手の	ōte no
monopolie (het)	独占	dokusen
theorie (de)	理論	riron
praktijk (de)	実務	jitsumu
ervaring (de)	経験	keiken
tendentie (de)	傾向	keikō
ontwikkeling (de)	発展	hatten

71. Bedrijfsprocessen. Deel 2

voordeel (het)	利益	rieki
voordelig (bn)	利益のある	rieki no aru
delegatie (de)	代表団	daihyō dan
salaris (het)	給料	kyūryō
corrigeren (fouten ~)	直す	naosu
zakenreis (de)	出張	shucchō
commissie (de)	歩合	buai
controleren (ww)	支配する	shihai suru
conferentie (de)	会議	kaigi
licentie (de)	免許	menkyo
betrouwbaar (partner, enz.)	信頼できる	shinrai dekiru
aanzet (de)	開始	kaishi
norm (bijv. ~ stellen)	標準	hyōjun
omstandigheid (de)	状況	jōkyō
taak, plicht (de)	職務	shokumu
organisatie (bedrijf, zaak)	組織	soshiki
organisatie (proces)	主催	shusai
georganiseerd (bn)	主催された	shusai sare ta
afzegging (de)	取り消し	torikeshi
afzeggen (ww)	取り消す	torikesu
verslag (het)	報告	hōkoku
patent (het)	特許	tokkyo
patenteren (ww)	特許を取る	tokkyo wo toru
plannen (ww)	計画する	keikaku suru
premie (de)	ボーナス	bōnasu
professioneel (bn)	専門的な	senmon teki na
procedure (de)	手順	tejun
onderzoeken (contract, enz.)	調べ上げる	shirabe ageru
berekening (de)	計算	keisan
reputatie (de)	評判	hyōban
risico (het)	リスク	risuku
beheren (managen)	管理する	kanri suru

informatie (de)	情報	jōhō
eigendom (bezit)	財産	zaisan
unie (de)	連合	rengō
levensverzekering (de)	生命保険	seimei hoken
verzekeren (ww)	保険をかける	hoken wo kakeru
verzekering (de)	保険	hoken
veiling (de)	競売	kyōbai
verwittigen (ww)	通知する	tsūchi suru
beheer (het)	マネージメント	manējimento
dienst (de)	サービス	sābisu
forum (het)	公開討論会	kōkai tōron kai
functioneren (ww)	機能する	kinō suru
stap, etappe (de)	段階	dankai
juridisch (bn)	法律の	hōritsu no
jurist (de)	弁護士	bengoshi

72. Productie. Werken

industriële installatie (fabriek)	工場	kōba
fabriek (de)	製造所	seizō sho
werkplaatsruimte (de)	作業場	sagyōba
productielocatie (de)	生産現場	seisan genba
industrie (de)	産業	sangyō
industrieel (bn)	産業の	sangyō no
zware industrie (de)	重工業	jūkōgyō
lichte industrie (de)	軽工業	keikōgyō
productie (de)	生産物	seisan butsu
produceren (ww)	製造する	seisan suru
grondstof (de)	原料	genryō
voorman, ploegbaas (de)	職長	shokuchō
ploeg (de)	作業チーム	sagyō chīmu
arbeider (de)	作業員	sagyō in
werkdag (de)	営業日	eigyōbi
pauze (de)	休憩	kyūkei
samenkomst (de)	会議	kaigi
bespreken (spreken over)	討議する	tōgi suru
plan (het)	計画	keikaku
het plan uitvoeren	計画を実行する	keikaku wo jikkō suru
productienorm (de)	生産率	seisan ritsu
kwaliteit (de)	質	shitsu
controle (de)	検査	kensa
kwaliteitscontrole (de)	品質管理	hinshitsu kanri
arbeidsveiligheid (de)	労働安全	rōdō anzen
discipline (de)	規律	kiritsu
overtreding (de)	違反	ihan

overtreden (ww)	違反する	ihan suru
staking (de)	ストライキ	sutoraiki
staker (de)	ストライキをする人	sutoraiki wo suru hito
staken (ww)	ストライキをする	sutoraiki wo suru
vakbond (de)	労働組合	rōdō kumiai
uitvinden (machine, enz.)	発明する	hatsumei suru
uitvinding (de)	発明	hatsumei
onderzoek (het)	研究	kenkyū
verbeteren (beter maken)	改善する	kaizen suru
technologie (de)	技術	gijutsu
technische tekening (de)	製図	seizu
vracht (de)	積み荷	tsumini
lader (de)	荷役作業員	niyakusa gyōin
laden (vrachtwagen)	積む	tsumu
laden (het)	荷役	niyaku
lossen (ww)	下ろす	orosu
lossen (het)	荷下ろし [荷卸し]	ni oroshi
transport (het)	輸送	yusō
transportbedrijf (de)	輸送会社	yusō gaisha
transporteren (ww)	輸送する	yusō suru
goederenwagon (de)	貨車	kasha
tank (bijv. ketelwagen)	タンク	tanku
vrachtwagen (de)	トラック	torakku
machine (de)	工作機械	kōsaku kikai
mechanisme (het)	機械	kikai
industrieel afval (het)	産業廃棄物	sangyō haiki butsu
verpakking (de)	包装	hōsō
verpakken (ww)	梱包する	konpō suru

73. Contract. Overeenstemming.

contract (het)	契約	keiyaku
overeenkomst (de)	合意書	gōi sho
bijlage (de)	補遺	hoi
een contract sluiten	契約書に署名する	keiyaku sho ni shomei suru
handtekening (de)	署名	shomei
ondertekenen (ww)	署名する	shomei suru
stempel (de)	捺印	natsuin
voorwerp (het) van de overeenkomst	契約の目的物	keiyaku no mokuteki butsu
clausule (de)	条項	jōkō
partijen (mv.)	当事者	tōjisha
vestigingsadres (het)	法的住所	hōteki jūsho
het contract verbreken (overtreden)	契約を破棄する	keiyaku wo haki suru

verplichting (de)	義務	gimu
verantwoordelijkheid (de)	責任	sekinin
overmacht (de)	不可抗力	fukakōryoku
geschil (het)	係争	keisō
sancties (mv.)	違約金	iyaku kin

74. Import & Export

import (de)	輸入	yunyū
importeur (de)	輸入業者	yunyū gyōsha
importeren (ww)	輸入する	yunyū suru
import- (abn)	輸入の	yunyū no
uitvoer (export)	輸出	yushutsu
exporteur (de)	輸出業者	yushutsu gyōsha
exporteren (ww)	輸出する	yushutsu suru
uitvoer- (bijv., ~goederen)	輸出の	yushutsu no
goederen (mv.)	品物	shinamono
partij (de)	委託	itaku
gewicht (het)	重量	jūryō
volume (het)	体積	taiseki
kubieke meter (de)	立法メートル	rippō mētoru
producent (de)	メーカー	mēkā
transportbedrijf (de)	輸送会社	yusō gaisha
container (de)	コンテナ	kontena
grens (de)	国境	kokkyō
douane (de)	税関	zeikan
douanerecht (het)	関税	kanzei
douanier (de)	税関吏	zeikanri
smokkelen (het)	密輸	mitsuyu
smokkelwaar (de)	密輸された商品	mitsuyu sare ta shōhin

75. Financiën

aandeel (het)	株	kabu
obligatie (de)	債券	saiken
wissel (de)	為替手形	kawase tegata
beurs (de)	証券取引所	shōken torihiki sho
aandelenkoers (de)	株価	kabuka
dalen (ww)	安くなる	yasuku naru
stijgen (ww)	高くなる	takaku naru
deel (het)	株式保有	kabushiki hoyū
meerderheidsbelang (het)	企業支配権	kigyō shihai ken
investeringen (mv.)	投資	tōshi
investeren (ww)	投資する	tōshi suru

procent (het)	百分率	hyakubunritsu
rente (de)	利子	rishi
winst (de)	利益	rieki
winstgevend (bn)	利益のある	rieki no aru
belasting (de)	税	zei
valuta (vreemde ~)	通貨	tsūka
nationaal (bn)	国の	kuni no
ruil (de)	両替	ryōgae
boekhouder (de)	会計士	kaikeishi
boekhouding (de)	会計	kaikei
bankroet (het)	破産	hasan
ondergang (de)	破綻	hatan
faillissement (het)	破産	hasan
geruïneerd zijn (ww)	破産する	hasan suru
inflatie (de)	インフレ	infure
devaluatie (de)	平価切り下げ	heika kirisage
kapitaal (het)	資本	shihon
inkomen (het)	収益	shūeki
omzet (de)	売上高	uriage daka
middelen (mv.)	財源	zaigen
financiële middelen (mv.)	貨幣資産	kahei shisan
operationele kosten (mv.)	諸経費	shokeihi
reduceren (kosten ~)	削減する	sakugen suru

76. Marketing

marketing (de)	マーケティング	māketingu
markt (de)	市場	shijō
marktsegment (het)	市場区分	shijō kubun
product (het)	製品	seihin
goederen (mv.)	品物	shinamono
merk (het)	ブランド	burando
handelsmerk (het)	商標	shōhyō
beeldmerk (het)	ロゴタイプ	rogo taipu
logo (het)	ロゴ	rogo
vraag (de)	需要	juyō
aanbod (het)	供給	kyōkyū
behoefte (de)	必要	hitsuyō
consument (de)	消費者	shōhi sha
analyse (de)	分析	bunseki
analyseren (ww)	分析する	bunseki suru
positionering (de)	ポジショニング	pojishoningu
positioneren (ww)	ポジショニングする	pojishoningu suru
prijs (de)	価格	kakaku
prijspolitiek (de)	価格政策	kakaku seisaku
prijsvorming (de)	価格形成	kakaku keisei

77. Reclame

reclame (de)	広告	kōkoku
adverteren (ww)	広告する	kōkoku suru
budget (het)	予算	yosan
advertentie, reclame (de)	広告	kōkoku
TV-reclame (de)	テレビ広告	terebi kōkoku
radioreclame (de)	ラジオ広告	rajio kōkoku
buitenreclame (de)	屋外広告	okugai kōkoku
massamedia (de)	マスメディア	masumedia
periodiek (de)	定期刊行物	teiki kankō butsu
imago (het)	イメージ	imēji
slagzin (de)	スローガン	surōgan
motto (het)	モットー	mottō
campagne (de)	キャンペーン	kyanpēn
reclamecampagne (de)	広告キャンペーン	kōkoku kyanpēn
doelpubliek (het)	ターゲット・オーディエンス	tāgetto ōdiensu
visitekaartje (het)	名刺	meishi
flyer (de)	チラシ	chirashi
brochure (de)	パンフレット	panfuretto
folder (de)	小冊子	shō sasshi
nieuwsbrief (de)	ニュースレター	nyūsuretā
gevelreclame (de)	店看板	mise kanban
poster (de)	ポスター	posutā
aanplakbord (het)	広告掲示板	kōkoku keijiban

78. Bankieren

bank (de)	銀行	ginkō
bankfiliaal (het)	支店	shiten
bankbediende (de)	銀行員	ginkōin
manager (de)	長	chō
bankrekening (de)	口座	kōza
rekeningnummer (het)	口座番号	kōza bangō
lopende rekening (de)	当座預金口座	tōza yokin kōza
spaarrekening (de)	貯蓄預金口座	chochiku yokin kōza
een rekening openen	口座を開く	kōza wo hiraku
de rekening sluiten	口座を解約する	kōza wo kaiyaku suru
op rekening storten	口座に預金する	kōza ni yokin suru
opnemen (ww)	引き出す	hikidasu
storting (de)	預金	yokin
een storting maken	預金する	yokin suru
overschrijving (de)	送金	sōkin

een overschrijving maken	送金する	sōkin suru
som (de)	合計金額	gōkei kingaku
Hoeveel?	いくら？	ikura ?
handtekening (de)	署名	shomei
ondertekenen (ww)	署名する	shomei suru
kredietkaart (de)	クレジットカード	kurejitto kādo
code (de)	コード	kōdo
kredietkaartnummer (het)	クレジットカード番号	kurejitto kādo bangō
geldautomaat (de)	ATM	ētīemu
cheque (de)	小切手	kogitte
een cheque uitschrijven	小切手を書く	kogitte wo kaku
chequeboekje (het)	小切手帳	kogitte chō
lening, krediet (de)	融資	yūshi
een lening aanvragen	融資を申し込む	yūshi wo mōshikomu
een lening nemen	融資を受ける	yūshi wo ukeru
een lening verlenen	融資を行う	yūshi wo okonau
garantie (de)	保障	hoshō

79. Telefoon. Telefoongesprek

telefoon (de)	電話	denwa
mobieltje (het)	携帯電話	keitai denwa
antwoordapparaat (het)	留守番電話	rusuban denwa
bellen (ww)	電話する	denwa suru
belletje (telefoontje)	電話	denwa
een nummer draaien	電話番号をダイアルする	denwa bangō wo daiaru suru
Hallo!	もしもし	moshimoshi
vragen (ww)	問う	tō
antwoorden (ww)	出る	deru
horen (ww)	聞く	kiku
goed (bw)	良く	yoku
slecht (bw)	良くない	yoku nai
storingen (mv.)	電波障害	denpa shōgai
hoorn (de)	受話器	juwaki
opnemen (ww)	電話に出る	denwa ni deru
ophangen (ww)	電話を切る	denwa wo kiru
bezet (bn)	話し中	hanashi chū
overgaan (ww)	鳴る	naru
telefoonboek (het)	電話帳	denwa chō
lokaal (bn)	市内の	shinai no
lokaal gesprek (het)	市内電話	shinai denwa
interlokaal (bn)	市外の	shigai no
interlokaal gesprek (het)	市外電話	shigai denwa
buitenlands (bn)	国際の	kokusai no
buitenlands gesprek (het)	国際電話	kokusai denwa

80. Mobiele telefoon

mobieltje (het)	携帯電話	keitai denwa
scherm (het)	ディスプレイ	disupurei
toets, knop (de)	ボタン	botan
simkaart (de)	SIMカード	shimu kādo
batterij (de)	電池	denchi
leeg zijn (ww)	切れる	kireru
acculader (de)	充電器	jūden ki
menu (het)	メニュー	menyū
instellingen (mv.)	設定	settei
melodie (beltoon)	メロディー	merodī
selecteren (ww)	選択する	sentaku suru
rekenmachine (de)	電卓	dentaku
voicemail (de)	ボイスメール	boisu mēru
wekker (de)	目覚まし	mezamashi
contacten (mv.)	連絡先	renraku saki
SMS-bericht (het)	テキストメッセージ	tekisuto messēji
abonnee (de)	加入者	kanyū sha

81. Schrijfbehoeften

balpen (de)	ボールペン	bōrupen
vulpen (de)	万年筆	mannenhitsu
potlood (het)	鉛筆	enpitsu
marker (de)	蛍光ペン	keikō pen
viltstift (de)	フェルトペン	feruto pen
notitieboekje (het)	メモ帳	memo chō
agenda (boekje)	手帳	techō
liniaal (de/het)	定規	jōgi
rekenmachine (de)	電卓	dentaku
gom (de)	消しゴム	keshigomu
punaise (de)	画鋲	gabyō
paperclip (de)	ゼムクリップ	zemu kurippu
lijm (de)	糊	nori
nietmachine (de)	ホッチキス	hocchikisu
perforator (de)	パンチ	panchi
potloodslijper (de)	鉛筆削り	enpitsu kezuri

82. Soorten bedrijven

boekhouddiensten (mv.)	会計サービス	kaikei sābisu
reclame (de)	広告	kōkoku

reclamebureau (het)	広告代理店	kōkoku dairi ten
airconditioning (de)	エアコン	eakon
luchtvaartmaatschappij (de)	航空会社	kōkū gaisha
alcoholische dranken (mv.)	アルコール飲料	arukōru inryō
antiek (het)	骨董品	kottō hin
kunstgalerie (de)	画廊	garō
audit diensten (mv.)	監査サービス	kansa sābisu
banken (mv.)	銀行業	ginkō gyō
bar (de)	バー	bā
schoonheidssalon (de/het)	美容院	biyō in
boekhandel (de)	本屋	honya
bierbrouwerij (de)	ビール醸造所	bīru jōzō jo
zakencentrum (het)	ビジネスセンター	bijinesu sentā
business school (de)	ビジネススクール	bijinesu sukūru
casino (het)	カジノ	kajino
bouwbedrijven (mv.)	建設業	kensetsu gyō
adviesbureau (het)	コンサルタント業	konsarutanto gyō
tandheelkunde (de)	歯科医院	shika īn
design (het)	デザイン	dezain
apotheek (de)	薬局	yakkyoku
stomerij (de)	クリーニング屋	kurīningu ya
uitzendbureau (het)	職業紹介所	shokugyō shōkai sho
financiële diensten (mv.)	金融サービス	kinyū sābisu
voedingswaren (mv.)	食品	shokuhin
uitvaartcentrum (het)	葬儀社	sōgi sha
meubilair (het)	家具	kagu
kleding (de)	衣服	ifuku
hotel (het)	ホテル	hoteru
IJsje (het)	アイスクリーム	aisukurīmu
industrie (de)	産業	sangyō
verzekering (de)	保険	hoken
Internet (het)	インターネット	intānetto
investeringen (mv.)	投資	tōshi
juwelier (de)	宝石商	hōsekishō
juwelen (mv.)	宝石	hōseki
wasserette (de)	洗濯屋	sentaku ya
juridische diensten (mv.)	法律事務所	hōritsu jimusho
lichte industrie (de)	軽工業	keikōgyō
tijdschrift (het)	雑誌	zasshi
postorderbedrijven (mv.)	通信販売	tsūshin hanbai
medicijnen (mv.)	医療	iryō
bioscoop (de)	映画館	eiga kan
museum (het)	博物館	hakubutsukan
persbureau (het)	通信社	tsūshin sha
krant (de)	新聞	shinbun
nachtclub (de)	ナイトクラブ	naito kurabu
olie (aardolie)	油	abura

koerierdienst (de)	宅配便	takuhai bin
geneesmiddelen (mv.)	製薬会社	seiyaku kaisha
drukkerij (de)	印刷業	insatsu gyō
uitgeverij (de)	出版社	shuppan sha
radio (de)	ラジオ	rajio
vastgoed (het)	不動産	fudōsan
restaurant (het)	レストラン	resutoran
bewakingsfirma (de)	警備会社	keibi gaisha
sport (de)	スポーツ	supōtsu
handelsbeurs (de)	証券取引所	shōken torihiki sho
winkel (de)	店、…屋	mise, …ya
supermarkt (de)	スーパーマーケット	sūpāmāketto
zwembad (het)	プール	pūru
naaiatelier (het)	仕立て屋	shitateya
televisie (de)	テレビ	terebi
theater (het)	劇場	gekijō
handel (de)	取引	torihiki
transport (het)	輸送	yusō
toerisme (het)	旅行	ryokō
dierenarts (de)	獣医	jūi
magazijn (het)	倉庫	sōko
afvalinzameling (de)	ごみ収集	gomi shūshū

Baan. Business. Deel 2

83. Show. Tentoonstelling

beurs (de)	博覧会	hakuran kai
vakbeurs, handelsbeurs (de)	見本市	mihonichi
deelneming (de)	参加	sanka
deelnemen (ww)	参加する	sanka suru
deelnemer (de)	参加者	sanka sha
directeur (de)	責任者	sekinin sha
organisatiecomité (het)	事務局	jimu kyoku
organisator (de)	主催者	shusai sha
organiseren (ww)	主催する	shusai suru
deelnemingsaanvraag (de)	申込書	mōshikomi sho
invullen (een formulier ~)	記入する	kinyū suru
details (mv.)	詳細	shōsai
informatie (de)	案内	annai
prijs (de)	出展料	shutten ryō
inclusief (bijv. ~ BTW)	…込み、…を含む	… komi , … wo fukumu
inbegrepen (alles ~)	含める	fukumeru
betalen (ww)	払う	harau
registratietarief (het)	登録料	tōroku ryō
ingang (de)	入り口	iriguchi
paviljoen (het), hal (de)	展示館	tenji kan
registreren (ww)	登録する	tōroku suru
badge, kaart (de)	名札	nafuda
beursstand (de)	小間、ブース	koma, būsu
reserveren (een stand ~)	予約する	yoyaku suru
vitrine (de)	ショーケース	shōkēsu
licht (het)	スポットライト	supottoraito
design (het)	デザイン	dezain
plaatsen (ww)	置く	oku
geplaatst zijn (ww)	置かれる	okareru
distributeur (de)	代理店	dairi ten
leverancier (de)	供給者	kyōkyū sha
leveren (ww)	供給する	kyōkyū suru
land (het)	国	kuni
buitenlands (bn)	外国の	gaikoku no
product (het)	製品	seihin
associatie (de)	協会	kyōkai
conferentiezaal (de)	会議場	kaigi jō

congres (het)	会議	kaigi
wedstrijd (de)	コンテスト	kontesuto
bezoeker (de)	来場者	raijō sha
bezoeken (ww)	見に行く	mi ni iku
afnemer (de)	客	kyaku

84. Wetenschap. Onderzoek. Wetenschappers

wetenschap (de)	科学	kagaku
wetenschappelijk (bn)	科学の	kagaku no
wetenschapper (de)	科学者	kagaku sha
theorie (de)	理論	riron
axioma (het)	公理	kōri
analyse (de)	分析	bunseki
analyseren (ww)	分析する	bunseki suru
argument (het)	論拠	ronkyo
substantie (de)	物質	busshitsu
hypothese (de)	仮説	kasetsu
dilemma (het)	ジレンマ	jirenma
dissertatie (de)	論文	ronbun
dogma (het)	定説	teisetsu
doctrine (de)	教義	kyōgi
onderzoek (het)	研究	kenkyū
onderzoeken (ww)	研究する	kenkyū suru
toetsing (de)	検査すること	kensa suru koto
laboratorium (het)	研究室	kenkyū shitsu
methode (de)	方法	hōhō
molecule (de/het)	分子	bunshi
monitoring (de)	モニタリング	monitaringu
ontdekking (de)	発見	hakken
postulaat (het)	仮定	katei
principe (het)	原理	genri
voorspelling (de)	予想	yosō
een prognose maken	予想する	yosō suru
synthese (de)	合成	gōsei
tendentie (de)	傾向	keikō
theorema (het)	定理	teiri
leerstellingen (mv.)	教え	oshie
feit (het)	事実	jijitsu
expeditie (de)	探検	tanken
experiment (het)	実験	jikken
academicus (de)	アカデミー会員	akademī kaīn
bachelor (bijv. BA, LLB)	学士	gakushi
doctor (de)	博士	hakase
universitair docent (de)	准教授	jun kyōju

master, magister (de)	修士	shūshi
professor (de)	教授	kyōju

Beroepen en ambachten

85. Zoeken naar werk. Ontslag

baan (de)	仕事	shigoto
personeel (het)	部員	buin
carrière (de)	職歴	shokureki
vooruitzichten (mv.)	見通し	mitōshi
meesterschap (het)	専門技術	senmon gijutsu
keuze (de)	選考	senkō
uitzendbureau (het)	職業紹介所	shokugyō shōkai sho
CV, curriculum vitae (het)	履歴書	rireki sho
sollicitatiegesprek (het)	面接	mensetsu
vacature (de)	欠員	ketsuin
salaris (het)	給料	kyūryō
vaste salaris (het)	固定給	kotei kyū
loon (het)	給与	kyūyo
betrekking (de)	地位	chī
taak, plicht (de)	職務	shokumu
takenpakket (het)	職務範囲	shokumu hani
bezig (~ zijn)	忙しい	isogashī
ontslagen (ww)	解雇する	kaiko suru
ontslag (het)	解雇	kaiko
werkloosheid (de)	失業	shitsugyō
werkloze (de)	失業者	shitsugyō sha
pensioen (het)	退職	taishoku
met pensioen gaan	退職する	taishoku suru

86. Zakenmensen

directeur (de)	責任者	sekinin sha
beheerder (de)	管理者	kanri sha
hoofd (het)	ボス	bosu
baas (de)	上司	jōshi
superieuren (mv.)	上司	jōshi
president (de)	社長	shachō
voorzitter (de)	会長	kaichō
adjunct (de)	副部長	fuku buchō
assistent (de)	助手	joshu
secretaris (de)	秘書	hisho

persoonlijke assistent (de)	個人秘書	kojin hisho
zakenman (de)	ビジネスマン	bijinesuman
ondernemer (de)	企業家	kigyō ka
oprichter (de)	創立者	sōritsu sha
oprichten (een nieuw bedrijf ~)	創立する	sōritsu suru
stichter (de)	共同出資者	kyōdō shusshi sha
partner (de)	パートナー	pātonā
aandeelhouder (de)	株主	kabunushi
miljonair (de)	百万長者	hyakuman chōja
miljardair (de)	億万長者	okuman chōja
eigenaar (de)	経営者	keieisha
landeigenaar (de)	土地所有者	tochi shoyū sha
klant (de)	クライアント	kuraianto
vaste klant (de)	常連客	jōren kyaku
koper (de)	買い手	kaite
bezoeker (de)	来客	raikyaku
professioneel (de)	熟練者	jukuren sha
expert (de)	エキスパート	ekisupāto
specialist (de)	専門家	senmon ka
bankier (de)	銀行家	ginkō ka
makelaar (de)	仲買人	nakagainin
kassier (de)	レジ係	reji gakari
boekhouder (de)	会計士	kaikeishi
bewaker (de)	警備員	keibi in
investeerder (de)	投資者	tōshi sha
schuldenaar (de)	債務者	saimu sha
crediteur (de)	債権者	saiken sha
lener (de)	借り主	karinushi
importeur (de)	輸入業者	yunyū gyōsha
exporteur (de)	輸出業者	yushutsu gyōsha
producent (de)	メーカー	mēkā
distributeur (de)	代理店	dairi ten
bemiddelaar (de)	中間業者	chūkan gyōsha
adviseur, consulent (de)	コンサルタント	konsarutanto
vertegenwoordiger (de)	販売外交員	hanbai gaikōin
agent (de)	代理人	dairinin
verzekeringsagent (de)	保険代理人	hoken dairinin

87. Dienstverlenende beroepen

kok (de)	料理人	ryōri jin
chef-kok (de)	シェフ	shefu
bakker (de)	パン職人	pan shokunin

barman (de)	バーテンダー	bātendā
kelner, ober (de)	ウェイター	weitā
serveerster (de)	ウェートレス	wētoresu
advocaat (de)	弁護士	bengoshi
jurist (de)	法律顧問	hōritsu komon
notaris (de)	公証人	kōshō nin
elektricien (de)	電気工事士	denki kōji shi
loodgieter (de)	配管工	haikan kō
timmerman (de)	大工	daiku
masseur (de)	マッサージ師	massāji shi
masseuse (de)	女性マッサージ師	josei massāji shi
dokter, arts (de)	医者	isha
taxichauffeur (de)	タクシーの運転手	takushī no unten shu
chauffeur (de)	運転手	unten shu
koerier (de)	宅配業者	takuhai gyōsha
kamermeisje (het)	客室係	kyakushitsu gakari
bewaker (de)	警備員	keibi in
stewardess (de)	客室乗務員	kyakushitsu jōmu in
meester (de)	教師	kyōshi
bibliothecaris (de)	図書館員	toshokan in
vertaler (de)	翻訳者	honyaku sha
tolk (de)	通訳者	tsūyaku sha
gids (de)	ガイド	gaido
kapper (de)	美容師	biyō shi
postbode (de)	郵便配達人	yūbin haitatsu jin
verkoper (de)	店員	tenin
tuinman (de)	庭師	niwashi
huisbediende (de)	使用人	shiyōnin
dienstmeisje (het)	メイド	meido
schoonmaakster (de)	掃除婦	sōjifu

88. Militaire beroepen en rangen

soldaat (rang)	二等兵	nitōhei
sergeant (de)	軍曹	gunsō
luitenant (de)	中尉	chūi
kapitein (de)	大尉	taī
majoor (de)	少佐	shōsa
kolonel (de)	大佐	taisa
generaal (de)	将官	shōkan
maarschalk (de)	元帥	gensui
admiraal (de)	提督	teitoku
militair (de)	軍人	gunjin
soldaat (de)	兵士	heishi

officier (de)	士官	shikan
commandant (de)	指揮官	shiki kan
grenswachter (de)	国境警備兵	kokkyō keibi hei
marconist (de)	通信士	tsūshin shi
verkenner (de)	斥候	sekkō
sappeur (de)	工兵	kōhei
schutter (de)	射手	shashu
stuurman (de)	航空士	kōkū shi

89. Ambtenaren. Priesters

koning (de)	国王	kokuō
koningin (de)	女王	joō
prins (de)	王子	ōji
prinses (de)	王妃	ōhi
tsaar (de)	ツァーリ	tsāri
tsarina (de)	女帝	nyotei
president (de)	大統領	daitōryō
minister (de)	長官	chōkan
eerste minister (de)	首相	shushō
senator (de)	上院議員	jōin gīn
diplomaat (de)	外交官	gaikō kan
consul (de)	領事	ryōji
ambassadeur (de)	大使	taishi
adviseur (de)	顧問	komon
ambtenaar (de)	公務員	kōmuin
prefect (de)	知事	chiji
burgemeester (de)	市長	shichō
rechter (de)	裁判官	saibankan
aanklager (de)	検察官	kensatsukan
missionaris (de)	宣教師	senkyōshi
monnik (de)	修道士	shūdō shi
abt (de)	修道院長	shūdōin chō
rabbi, rabbijn (de)	ラビ	rabi
vizier (de)	ワズィール	wazīru
sjah (de)	シャー	shā
sjeik (de)	シャイフ	shaifu

90. Agrarische beroepen

imker (de)	養蜂家	yōhōka
herder (de)	牛飼い	ushikai
landbouwkundige (de)	農学者	nōgaku sha

veehouder (de)	牧畜業者	bokuchiku gyōsha
dierenarts (de)	獣医	jūi
landbouwer (de)	農業経営者	nōgyō keiei sha
wijnmaker (de)	ワイン生産者	wain seisan sha
zoöloog (de)	動物学者	dōbutsu gakusha
cowboy (de)	カウボーイ	kaubōi

91. Kunst beroepen

acteur (de)	俳優	haiyū
actrice (de)	女優	joyū
zanger (de)	歌手	kashu
zangeres (de)	歌手	kashu
danser (de)	ダンサー	dansā
danseres (de)	ダンサー	dansā
artiest (mann.)	芸能人	geinōjin
artiest (vrouw.)	芸能人	geinōjin
muzikant (de)	音楽家	ongakuka
pianist (de)	ピアニスト	pianisuto
gitarist (de)	ギターリスト	gitā risuto
orkestdirigent (de)	指揮者	shiki sha
componist (de)	作曲家	sakkyoku ka
impresario (de)	マネージャー	manējā
filmregisseur (de)	映画監督	eiga kantoku
filmproducent (de)	プロデューサー	purodyūsā
scenarioschrijver (de)	台本作家	daihon sakka
criticus (de)	評論家	hyōron ka
schrijver (de)	作家	sakka
dichter (de)	詩人	shijin
beeldhouwer (de)	彫刻家	chōkoku ka
kunstenaar (de)	画家	gaka
jongleur (de)	手品師	tejina shi
clown (de)	道化師	dōkeshi
acrobaat (de)	曲芸師	kyokugei shi
goochelaar (de)	手品師	tejina shi

92. Verschillende beroepen

dokter, arts (de)	医者	isha
ziekenzuster (de)	看護師	kangoshi
psychiater (de)	精神科医	seishin kai
tandarts (de)	歯科医	shikai
chirurg (de)	外科医	gekai

astronaut (de)	宇宙飛行士	uchū hikō shi
astronoom (de)	天文学者	tenmongaku sha
piloot (de)	パイロット	pairotto
chauffeur (de)	運転手	unten shu
machinist (de)	機関士	kikan shi
mecanicien (de)	修理士	shūri shi
mijnwerker (de)	鉱山労働者	kōzan rōdō sha
arbeider (de)	労働者	rōdō sha
bankwerker (de)	金工	kinkō
houtbewerker (de)	家具大工	kagu daiku
draaier (de)	旋盤工	senban kō
bouwvakker (de)	建設作業員	kensetsu sagyō in
lasser (de)	溶接工	yōsetsu kō
professor (de)	教授	kyōju
architect (de)	建築士	kenchiku shi
historicus (de)	歴史家	rekishi ka
wetenschapper (de)	科学者	kagaku sha
fysicus (de)	物理学者	butsuri gakusha
scheikundige (de)	化学者	kagaku sha
archeoloog (de)	考古学者	kōkogakusha
geoloog (de)	地質学者	chishitsu gakusha
onderzoeker (de)	研究者	kenkyū sha
babysitter (de)	ベビーシッター	bebīshittā
leraar, pedagoog (de)	教育者	kyōiku sha
redacteur (de)	編集者	henshū sha
chef-redacteur (de)	編集長	henshū chō
correspondent (de)	特派員	tokuhain
typiste (de)	タイピスト	taipisuto
designer (de)	デザイナー	dezainā
computerexpert (de)	コンピュータ専門家	konpyūta senmon ka
programmeur (de)	プログラマー	puroguramā
ingenieur (de)	技師	gishi
matroos (de)	水夫	suifu
zeeman (de)	船員	senin
redder (de)	救助員	kyūjo in
brandweerman (de)	消防士	shōbō shi
politieagent (de)	警官	keikan
nachtwaker (de)	警備員	keibi in
detective (de)	探偵	tantei
douanier (de)	税関吏	zeikanri
lijfwacht (de)	ボディーガード	bodīgādo
gevangenisbewaker (de)	刑務官	keimu kan
inspecteur (de)	検査官	kensakan
sportman (de)	スポーツマン	supōtsuman
trainer (de)	トレーナー	torēnā

slager, beenhouwer (de)	肉屋	nikuya
schoenlapper (de)	靴修理屋	kutsu shūri ya
handelaar (de)	商人	shōnin
lader (de)	荷役作業員	niyakusa gyōin
kledingstilist (de)	ファッションデザイナー	fasshon dezainā
model (het)	モデル	moderu

93. Beroepen. Sociale status

scholier (de)	男子生徒	danshi seito
student (de)	学生	gakusei
filosoof (de)	哲学者	tetsu gakusha
econoom (de)	経済学者	keizai gakusha
uitvinder (de)	発明者	hatsumei sha
werkloze (de)	失業者	shitsugyō sha
gepensioneerde (de)	退職者	taishoku sha
spion (de)	スパイ	supai
gedetineerde (de)	囚人	shūjin
staker (de)	ストライキをする人	sutoraiki wo suru hito
bureaucraat (de)	官僚主義者	kanryō shugi sha
reiziger (de)	旅行者	ryokō sha
homoseksueel (de)	同性愛者	dōseiai sha
hacker (computerkraker)	ハッカー	hakkā
hippie (de)	ヒッピー	hippī
bandiet (de)	山賊	sanzoku
huurmoordenaar (de)	殺し屋	koroshi ya
drugsverslaafde (de)	麻薬中毒者	mayaku chūdoku sha
drugshandelaar (de)	麻薬の売人	mayaku no bainin
prostituee (de)	売春婦	baishun fu
pooier (de)	ポン引き	pon biki
tovenaar (de)	魔法使い	mahōtsukai
tovenares (de)	女魔法使い	jo mahōtsukai
piraat (de)	海賊	kaizoku
slaaf (de)	奴隷	dorei
samoerai (de)	侍、武士	samurai, bushi
wilde (de)	未開人	mikai jin

Onderwijs

94. School

school (de)	学校	gakkō
schooldirecteur (de)	校長	kōchō
leerling (de)	生徒	seito
leerlinge (de)	女生徒	jo seito
scholier (de)	男子生徒	danshi seito
scholiere (de)	女子生徒	joshi seito
leren (lesgeven)	教える	oshieru
studeren (bijv. een taal ~)	学ぶ	manabu
van buiten leren	暗記する	anki suru
leren (bijv. ~ tellen)	勉強する	benkyō suru
in school zijn (schooljongen zijn)	学校に通う	gakkō ni kayō
naar school gaan	学校へ行く	gakkō he iku
alfabet (het)	アルファベット	arufabetto
vak (schoolvak)	科目	kamoku
klaslokaal (het)	教室	kyōshitsu
les (de)	レッスン	ressun
pauze (de)	休み時間	yasumi jikan
bel (de)	ベル	beru
schooltafel (de)	学校用机	gakkō yō tsukue
schoolbord (het)	黒板	kokuban
cijfer (het)	成績	seiseki
goed cijfer (het)	良い成績	yoi seiseki
slecht cijfer (het)	悪い成績	warui seiseki
een cijfer geven	成績を付ける	seiseki wo tsukeru
fout (de)	間違い	machigai
fouten maken	間違える	machigaeru
corrigeren (fouten ~)	直す	naosu
spiekbriefje (het)	カンニングペーパー	kanningu pēpā
huiswerk (het)	宿題	shukudai
oefening (de)	練習	renshū
aanwezig zijn (ww)	出席する	shusseki suru
absent zijn (ww)	欠席する	kesseki suru
school verzuimen	学校を休む	gakkō wo yasumu
bestraffen (een stout kind ~)	罰する	bassuru
bestraffing (de)	罰	batsu

gedrag (het)	行動	kōdō
cijferlijst (de)	通信簿	tsūshin bo
potlood (het)	鉛筆	enpitsu
gom (de)	消しゴム	keshigomu
krijt (het)	チョーク	chōku
pennendoos (de)	筆箱	fudebako
boekentas (de)	通学カバン	tsūgaku kaban
pen (de)	ペン	pen
schrift (de)	ノート	nōto
leerboek (het)	教科書	kyōkasho
passer (de)	コンパス	konpasu
technisch tekenen (ww)	製図する	seizu suru
technische tekening (de)	製図	seizu
gedicht (het)	詩	shi
van buiten (bw)	暗記して	anki shi te
van buiten leren	暗記する	anki suru
vakantie (de)	休暇	kyūka
met vakantie zijn	休暇中である	kyūka chū de aru
vakantie doorbrengen	休暇を過ごす	kyūka wo sugosu
toets (schriftelijke ~)	筆記試験	hikki shiken
opstel (het)	論文式試験	ronbun shiki shiken
dictee (het)	書き取り	kakitori
examen (het)	試験	shiken
examen afleggen	試験を受ける	shiken wo ukeru
experiment (het)	実験	jikken

95. Hogeschool. Universiteit

academie (de)	アカデミー	akademī
universiteit (de)	大学	daigaku
faculteit (de)	学部	gakubu
student (de)	学生	gakusei
studente (de)	学生	gakusei
leraar (de)	講師	kōshi
collegezaal (de)	講堂	kōdō
afgestudeerde (de)	卒業生	sotsugyōsei
diploma (het)	卒業証書	sotsugyō shōsho
dissertatie (de)	論文	ronbun
onderzoek (het)	研究書	kenkyū sho
laboratorium (het)	研究室	kenkyū shitsu
college (het)	講義	kōgi
medestudent (de)	同級生	dōkyūsei
studiebeurs (de)	奨学金	shōgaku kin
academische graad (de)	学位	gakui

96. Wetenschappen. Disciplines

wiskunde (de)	数学	sūgaku
algebra (de)	代数学	daisūgaku
meetkunde (de)	幾何学	kikagaku
astronomie (de)	天文学	tenmon gaku
biologie (de)	生物学	seibutsu gaku
geografie (de)	地理学	chiri gaku
geologie (de)	地質学	chishitsu gaku
geschiedenis (de)	歴史	rekishi
geneeskunde (de)	医学	igaku
pedagogiek (de)	教育学	kyōiku gaku
rechten (mv.)	法学	hōgaku
fysica, natuurkunde (de)	物理学	butsuri gaku
scheikunde (de)	化学	kagaku
filosofie (de)	哲学	tetsugaku
psychologie (de)	心理学	shinrigaku

97. Schrift. Spelling

grammatica (de)	文法	bunpō
vocabulaire (het)	語彙	goi
fonetiek (de)	音声学	onseigaku
zelfstandig naamwoord (het)	名詞	meishi
bijvoeglijk naamwoord (het)	形容詞	keiyōshi
werkwoord (het)	動詞	dōshi
bijwoord (het)	副詞	fukushi
voornaamwoord (het)	代名詞	daimeishi
tussenwerpsel (het)	間投詞	kantōshi
voorzetsel (het)	前置詞	zenchishi
stam (de)	語根	gokon
achtervoegsel (het)	語尾	gobi
voorvoegsel (het)	接頭辞	settō ji
lettergreep (de)	音節	onsetsu
achtervoegsel (het)	接尾辞	setsubi ji
nadruk (de)	キョウセイ [強勢]	kyōsei
afkappingsteken (het)	アポストロフィー	aposutorofi
punt (de)	句点	kuten
komma (de/het)	コンマ	konma
puntkomma (de)	セミコロン	semikoron
dubbelpunt (de)	コロン	koron
beletselteken (het)	省略	shōrya ku
vraagteken (het)	疑問符	gimon fu
uitroepteken (het)	感嘆符	kantan fu

aanhalingstekens (mv.)	引用符	inyō fu
tussen aanhalingstekens (bw)	引用符内	inyō fu nai
haakjes (mv.)	ガッコ（括弧）	gakko
tussen haakjes (bw)	ガッコ内 （括弧内）	kakko nai
streepje (het)	ハイフン	haifun
gedachtestreepje (het)	ダッシュ	dasshu
spatie	スペース	supēsu
(~ tussen twee woorden)		
letter (de)	文字	moji
hoofdletter (de)	大文字	daimonji
klinker (de)	母音	boin
medeklinker (de)	子音	shīn
zin (de)	文	bun
onderwerp (het)	主語	shugo
gezegde (het)	述語	jutsugo
regel (in een tekst)	行	gyō
op een nieuwe regel (bw)	新しい行で	atarashī gyō de
alinea (de)	段落	danraku
woord (het)	単語	tango
woordgroep (de)	語群	gogun
uitdrukking (de)	表現	hyōgen
synoniem (het)	同義語	dōgigo
antoniem (het)	対義語	taigigo
regel (de)	規則	kisoku
uitzondering (de)	例外	reigai
correct (bijv. ~e spelling)	正しい	tadashī
vervoeging, conjugatie (de)	活用	katsuyō
verbuiging, declinatie (de)	語形変化	gokei henka
naamval (de)	名詞格	meishi kaku
vraag (de)	疑問文	gimon bun
onderstrepen (ww)	下線を引く	kasen wo hiku
stippellijn (de)	点線	tensen

98. Vreemde talen

taal (de)	言語	gengo
vreemd (bn)	外国の	gaikoku no
vreemde taal (de)	外国語	gaikoku go
leren (bijv. van buiten ~)	勉強する	benkyō suru
studeren (Nederlands ~)	学ぶ	manabu
lezen (ww)	読む	yomu
spreken (ww)	話す	hanasu
begrijpen (ww)	理解する	rikai suru
schrijven (ww)	書く	kaku
snel (bw)	速く	hayaku

langzaam (bw)	ゆっくり	yukkuri
vloeiend (bw)	流ちょうに	ryūchō ni

regels (mv.)	規則	kisoku
grammatica (de)	文法	bunpō
vocabulaire (het)	語彙	goi
fonetiek (de)	音声学	onseigaku

leerboek (het)	教科書	kyōkasho
woordenboek (het)	辞書	jisho
leerboek (het) voor zelfstudie	独習書	dokushū sho
taalgids (de)	慣用表現集	kanyō hyōgen shū

cassette (de)	カセットテープ	kasettotēpu
videocassette (de)	ビデオテープ	bideotēpu
CD (de)	CD（シーディー）	shīdī
DVD (de)	DVD［ディーブイディー］	dībuidī

alfabet (het)	アルファベット	arufabetto
spellen (ww)	スペリングを言う	superingu wo iu
uitspraak (de)	発音	hatsuon

accent (het)	なまり［訛り］	namari
met een accent (bw)	訛りのある	namari no aru
zonder accent (bw)	訛りのない	namari no nai

woord (het)	単語	tango
betekenis (de)	意味	imi

cursus (de)	講座	kōza
zich inschrijven (ww)	申し込む	mōshikomu
leraar (de)	先生	sensei

vertaling (een ~ maken)	翻訳	honyaku
vertaling (tekst)	訳文	yakubun
vertaler (de)	翻訳者	honyaku sha
tolk (de)	通訳者	tsūyaku sha

polyglot (de)	ポリグロット	porigurotto
geheugen (het)	記憶	kioku

Rusten. Entertainment. Reizen

99. Trip. Reizen

toerisme (het)	観光	kankō
toerist (de)	観光客	kankō kyaku
reis (de)	旅行	ryokō
avontuur (het)	冒険	bōken
tocht (de)	旅	tabi
vakantie (de)	休暇	kyūka
met vakantie zijn	休暇中です	kyūka chū desu
rust (de)	休み	yasumi
trein (de)	列車	ressha
met de trein	列車で	ressha de
vliegtuig (het)	航空機	kōkūki
met het vliegtuig	飛行機で	hikōki de
met de auto	車で	kuruma de
per schip (bw)	船で	fune de
bagage (de)	荷物	nimotsu
valies (de)	スーツケース	sūtsukēsu
bagagekarretje (het)	荷物カート	nimotsu kāto
paspoort (het)	パスポート	pasupōto
visum (het)	ビザ	biza
kaartje (het)	乗車券	jōsha ken
vliegticket (het)	航空券	kōkū ken
reisgids (de)	ガイドブック	gaido bukku
kaart (de)	地図	chizu
gebied (landelijk ~)	地域	chīki
plaats (de)	場所	basho
exotische bestemming (de)	エキゾチック	ekizochikku
exotisch (bn)	エキゾチックな	ekizochikku na
verwonderlijk (bn)	驚くべき	odoroku beki
groep (de)	団	dan
rondleiding (de)	小旅行	shō ryokō
gids (de)	ツアーガイド	tuā gaido

100. Hotel

hotel (het)	ホテル	hoteru
motel (het)	モーテル	mō teru
3-sterren	三つ星	mitsu boshi

5-sterren	五つ星	itsutsu boshi
overnachten (ww)	泊まる	tomaru
kamer (de)	部屋、ルーム	heya, rūmu
eenpersoonskamer (de)	シングルルーム	shinguru rūmu
tweepersoonskamer (de)	ダブルルーム	daburu rūmu
een kamer reserveren	部屋を予約する	heya wo yoyaku suru
halfpension (het)	ハーフボード	hāfu bōdo
volpension (het)	フルボード	furu bōdo
met badkamer	浴槽付きの	yokusō tsuki no
met douche	シャワー付きの	shawā tsuki no
satelliet-tv (de)	衛星テレビ	eisei terebi
airconditioner (de)	エアコン	eakon
handdoek (de)	タオル	taoru
sleutel (de)	鍵	kagi
administrateur (de)	管理人	kanri jin
kamermeisje (het)	客室係	kyakushitsu gakari
piccolo (de)	ベルボーイ	beru bōi
portier (de)	ドアマン	doa man
restaurant (het)	レストラン	resutoran
bar (de)	パブ、バー	pabu, bā
ontbijt (het)	朝食	chōshoku
avondeten (het)	夕食	yūshoku
buffet (het)	ビュッフェ	byuffe
hal (de)	ロビー	robī
lift (de)	エレベーター	erebētā
NIET STOREN	起こさないで下さい	okosa nai de kudasai
VERBODEN TE ROKEN!	禁煙	kinen

TECHNISCHE APPARATUUR. VERVOER

Technische apparatuur

101. Computer

computer (de)	コンピューター	konpyūtā
laptop (de)	ノートパソコン	nōto pasokon
aanzetten (ww)	入れる	ireru
uitzetten (ww)	消す	kesu
toetsenbord (het)	キーボード	kībōdo
toets (enter~)	キー	kī
muis (de)	マウス	mausu
muismat (de)	マウスパッド	mausu paddo
knopje (het)	ボタン	botan
cursor (de)	カーソル	kāsoru
monitor (de)	モニター	monitā
scherm (het)	スクリーン	sukurīn
harde schijf (de)	ハードディスク	hādo disuku
volume (het) van de harde schijf	ハードディスクの容量	hādo disuku no yōryō
geheugen (het)	メモリ	memori
RAM-geheugen (het)	ランダム・アクセス・メモリ	randamu akusesu memori
bestand (het)	ファイル	fairu
folder (de)	フォルダ	foruda
openen (ww)	開く	hiraku
sluiten (ww)	閉じる	tojiru
opslaan (ww)	保存する	hozon suru
verwijderen (wissen)	削除する	sakujo suru
kopiëren (ww)	コピーする	kopī suru
sorteren (ww)	ソートする	sōto suru
overplaatsen (ww)	転送する	tensō suru
programma (het)	プログラム	puroguramu
software (de)	ソフトウェア	sofutowea
programmeur (de)	プログラマ	purogurama
programmeren (ww)	プログラムを作る	puroguramu wo tsukuru
hacker (computerkraker)	ハッカー	hakkā
wachtwoord (het)	パスワード	pasuwādo
virus (het)	ウイルス	uirusu
ontdekken (virus ~)	検出する	kenshutsu suru

byte (de)	バイト	baito
megabyte (de)	メガバイト	megabaito
data (de)	データ	dēta
databank (de)	データベース	dētabēsu
kabel (USB-~, enz.)	ケーブル	kēburu
afsluiten (ww)	接続を切る	setsuzoku wo kiru
aansluiten op (ww)	接続する	setsuzoku suru

102. Internet. E-mail

internet (het)	インターネット	intānetto
browser (de)	ブラウザー	burauzā
zoekmachine (de)	検索エンジン	kensaku enjin
internetprovider (de)	プロバイダー	purobaidā
webmaster (de)	ウェブマスター	webumasutā
website (de)	ウェブサイト	webusaito
webpagina (de)	ウェブページ	webupēji
adres (het)	アドレス	adoresu
adresboek (het)	住所録	jūsho roku
postvak (het)	メールボックス	mēru bokkusu
post (de)	メール	mēru
vol (~ postvak)	いっぱい（一杯）	ippai
bericht (het)	メッセージ	messēji
binnenkomende berichten (mv.)	受信メッセージ	jushin messēji
uitgaande berichten (mv.)	送信メッセージ	sōshin messēji
verzender (de)	送信者	sōshin sha
verzenden (ww)	送信する	sōshin suru
verzending (de)	送信	sōshin
ontvanger (de)	受信者	jushin sha
ontvangen (ww)	受信する	jushin suru
correspondentie (de)	やり取り	yaritori
corresponderen (met …)	連絡する	renraku suru
bestand (het)	ファイル	fairu
downloaden (ww)	ダウンロードする	daunrōdo suru
creëren (ww)	作成する	sakusei suru
verwijderen (een bestand ~)	削除する	sakujo suru
verwijderd (bn)	削除された	sakujo sare ta
verbinding (de)	接続	setsuzoku
snelheid (de)	速度	sokudo
modem (de)	モデム	modemu
toegang (de)	アクセス	akusesu
poort (de)	ポート	pōto
aansluiting (de)	接続	setsuzoku

zich aansluiten (ww)	…に接続する	… ni setsuzoku suru
selecteren (ww)	選択する	sentaku suru
zoeken (ww)	検索する	kensaku suru

103. Elektriciteit

elektriciteit (de)	電気	denki
elektrisch (bn)	電気の	denki no
elektriciteitscentrale (de)	発電所	hatsuden sho
energie (de)	エネルギー	enerugī
elektrisch vermogen (het)	電力	denryoku
lamp (de)	電球	denkyū
zaklamp (de)	懐中電灯	kaichū dentō
straatlantaarn (de)	街灯	gaitō
licht (elektriciteit)	電灯	dentō
aandoen (ww)	つける	tsukeru
uitdoen (ww)	消す	kesu
het licht uitdoen	電気を消す	denki wo kesu
doorbranden (gloeilamp)	切れる	kireru
kortsluiting (de)	短絡	tanraku
onderbreking (de)	断線	dansen
contact (het)	接触	sesshoku
schakelaar (de)	スイッチ	suicchi
stopcontact (het)	コンセント	konsento
stekker (de)	プラグ	puragu
verlengsnoer (de)	延長コード	enchō kōdo
zekering (de)	ヒューズ	hyūzu
kabel (de)	電線、ケーブル	densen, kēburu
bedrading (de)	電気配線	denki haisen
ampère (de)	アンペア	anpea
stroomsterkte (de)	アンペア数	anpea sū
volt (de)	ボルト	boruto
spanning (de)	電圧	denatsu
elektrisch toestel (het)	電気製品	denki seihin
indicator (de)	表示器	hyōji ki
elektricien (de)	電気工事士	denki kōji shi
solderen (ww)	はんだ付けする	handa tsuke suru
soldeerbout (de)	半田ごて［はんだごて］	handa gote
stroom (de)	電流	denryū

104. Gereedschappen

werktuig (stuk gereedschap)	道具	dōgu
gereedschap (het)	工具	kōgu

uitrusting (de)	機器	kiki
hamer (de)	金槌 [金づち]	kanazuchi
schroevendraaier (de)	ドライバー	doraibā
bijl (de)	斧 [おの]	ono
zaag (de)	のこぎり	nokogiri
zagen (ww)	のこぎりで切る	nokogiri de kiru
schaaf (de)	かんな	kanna
schaven (ww)	かんなをかける	kanna wo kakeru
soldeerbout (de)	半田ごて [はんだごて]	handa gote
solderen (ww)	はんだ付けする	handa tsuke suru
vijl (de)	やすり	ya suri
nijptang (de)	カーペンタープライヤー	kāpentā puraiyā
combinatietang (de)	ペンチ	penchi
beitel (de)	のみ	nomi
boorkop (de)	ドリルビット	doriru bitto
boormachine (de)	電気ドリル	denki doriru
boren (ww)	穴を開ける	ana wo akeru
mes (het)	ナイフ	naifu
zakmes (het)	小型ナイフ	kogata naifu
knip- (abn)	フォールディング	fōrudingu
lemmet (het)	刃	ha
scherp (bijv. ~ mes)	鋭い	surudoi
bot (bn)	鈍い	nibui
bot raken (ww)	鈍る	niburu
slijpen (een mes ~)	研ぐ	togu
bout (de)	ボルト	boruto
moer (de)	ナット	natto
schroefdraad (de)	ねじ山	nejiyama
houtschroef (de)	木ねじ	mokuneji
nagel (de)	釘 [くぎ]	kugi
kop (de)	釘頭	kugi atama
liniaal (de/het)	定規	jōgi
rolmeter (de)	巻き尺	makijaku
waterpas (de/het)	水準器	suijun ki
loep (de)	ルーペ	rūpe
meetinstrument (het)	測定道具	sokutei dōgu
opmeten (ww)	測る	hakaru
schaal (meetschaal)	目盛り	memori
gegevens (mv.)	検針値	kenshin chi
compressor (de)	コンプレッサー	konpuressā
microscoop (de)	顕微鏡	kenbikyō
pomp (de)	ポンプ	ponpu
robot (de)	ロボット	robotto
laser (de)	レーザー	rēzā
moersleutel (de)	スパナ	supana

plakband (de)	粘着テープ	nenchaku tēpu
lijm (de)	糊	nori
schuurpapier (het)	紙やすり	kami ya suri
veer (de)	スプリング	supuringu
magneet (de)	磁石	jishaku
handschoenen (mv.)	手袋	tebukuro
touw (bijv. henneptouw)	ロープ	rōpu
snoer (het)	紐	himo
draad (de)	電線	densen
kabel (de)	ケーブル	kēburu
moker (de)	大ハンマー	dai hanmā
breekijzer (het)	バール	bāru
ladder (de)	梯子 [はしご]	hashigo
trapje (inklapbaar ~)	脚立	kyatatsu
aanschroeven (ww)	締める	shimeru
losschroeven (ww)	緩める	yurumeru
dichtpersen (ww)	堅く締める	kataku shimeru
vastlijmen (ww)	接着する	secchaku suru
snijden (ww)	切る	kiru
defect (het)	故障	koshō
reparatie (de)	修理	shūri
repareren (ww)	修理する	shūri suru
regelen (een machine ~)	調整する	chōsei suru
nakijken (ww)	検査する	kensa suru
controle (de)	検査	kensa
gegevens (mv.)	検針値	kenshin chi
degelijk (bijv. ~ machine)	信頼性の	shinrai sei no
ingewikkeld (bn)	複雑な	fukuzatsu na
roesten (ww)	さびる [錆びる]	sabiru
roestig (bn)	さびた [錆びた]	sabi ta
roest (de/het)	さび [錆]	sabi

Vervoer

105. Vliegtuig

vliegtuig (het)	航空機	kōkūki
vliegticket (het)	航空券	kōkū ken
luchtvaartmaatschappij (de)	航空会社	kōkū gaisha
luchthaven (de)	空港	kūkō
supersonisch (bn)	超音速の	chō onsoku no
gezagvoerder (de)	機長	kichō
bemanning (de)	乗務員	jōmu in
piloot (de)	パイロット	pairotto
stewardess (de)	客室乗務員	kyakushitsu jōmu in
stuurman (de)	航空士	kōkū shi
vleugels (mv.)	翼	tsubasa
staart (de)	尾部	o bu
cabine (de)	コックピット	kokkupitto
motor (de)	エンジン	enjin
landingsgestel (het)	着陸装置	chakuriku sōchi
turbine (de)	タービン	tābin
propeller (de)	プロペラ	puropera
zwarte doos (de)	ブラックボックス	burakku bokkusu
stuur (het)	操縦ハンドル	sōjū handoru
brandstof (de)	燃料	nenryō
veiligheidskaart (de)	安全のしおり	anzen no shiori
zuurstofmasker (het)	酸素マスク	sanso masuku
uniform (het)	制服	seifuku
reddingsvest (de)	ライフジャケット	raifu jaketto
parachute (de)	落下傘	rakkasan
opstijgen (het)	離陸	ririku
opstijgen (ww)	離陸する	ririku suru
startbaan (de)	滑走路	kassō ro
zicht (het)	視程	shitei
vlucht (de)	飛行	hikō
hoogte (de)	高度	kōdo
luchtzak (de)	エアポケット	eapoketto
plaats (de)	席	seki
koptelefoon (de)	ヘッドホン	heddohon
tafeltje (het)	折りたたみ式のテーブル	oritatami shiki no tēburu
venster (het)	機窓	kisō
gangpad (het)	通路	tsūro

106. Trein

trein (de)	列車	ressha
elektrische trein (de)	通勤列車	tsūkin ressha
sneltrein (de)	高速鉄道	kōsoku tetsudō
diesellocomotief (de)	ディーゼル機関車	dīzeru kikan sha
locomotief (de)	蒸気機関車	jōki kikan sha
rijtuig (het)	客車	kyakusha
restauratierijtuig (het)	食堂車	shokudō sha
rails (mv.)	レール	rēru
spoorweg (de)	鉄道	tetsudō
dwarsligger (de)	枕木	makuragi
perron (het)	ホーム	hōmu
spoor (het)	線路	senro
semafoor (de)	鉄道信号機	tetsudō shingō ki
halte (bijv. kleine treinhalte)	駅	eki
machinist (de)	機関士	kikan shi
kruier (de)	ポーター	pōtā
conducteur (de)	車掌	shashō
passagier (de)	乗客	jōkyaku
controleur (de)	検札係	kensatsu gakari
gang (in een trein)	通路	tsūro
noodrem (de)	非常ブレーキ	hijō burēki
coupé (de)	コンパートメント	konpātomento
bed (slaapplaats)	寝台	shindai
bovenste bed (het)	上段寝台	jōdan shindai
onderste bed (het)	下段寝台	gedan shindai
beddengoed (het)	リネン	rinen
kaartje (het)	乗車券	jōsha ken
dienstregeling (de)	時刻表	jikoku hyō
informatiebord (het)	発車標	hassha shirube
vertrekken (De trein vertrekt ...)	発車する	hassha suru
vertrek (ov. een trein)	発車	hassha
aankomen (ov. de treinen)	到着する	tōchaku suru
aankomst (de)	到着	tōchaku
aankomen per trein	電車で来る	densha de kuru
in de trein stappen	電車に乗る	densha ni noru
uit de trein stappen	電車をおりる	densha wo oriru
treinwrak (het)	鉄道事故	tetsudō jiko
ontspoord zijn	脱線する	dassen suru
locomotief (de)	蒸気機関車	jōki kikan sha
stoker (de)	火夫	kafu
stookplaats (de)	火室	kashitsu
steenkool (de)	石炭	sekitan

107. Schip

schip (het)	船舶	senpaku
vaartuig (het)	大型船	ōgata sen
stoomboot (de)	蒸気船	jōki sen
motorschip (het)	川船	kawabune
lijnschip (het)	遠洋定期船	enyō teiki sen
kruiser (de)	クルーザー	kurūzā
jacht (het)	ヨット	yotto
sleepboot (de)	曳船	eisen
duwbak (de)	艀、バージ	hashike, bāji
ferryboot (de)	フェリー	ferī
zeilboot (de)	帆船	hansen
brigantijn (de)	ブリガンティン	burigantin
IJsbreker (de)	砕氷船	saihyō sen
duikboot (de)	潜水艦	sensui kan
boot (de)	ボート	bōto
sloep (de)	ディンギー	dingī
reddingssloep (de)	救命艇	kyūmei tei
motorboot (de)	モーターボート	mōtābōto
kapitein (de)	船長	senchō
zeeman (de)	船員	senin
matroos (de)	水夫	suifu
bemanning (de)	乗組員	norikumi in
bootsman (de)	ボースン	bōsun
scheepsjongen (de)	キャビンボーイ	kyabin bōi
kok (de)	船のコック	fune no kokku
scheepsarts (de)	船医	seni
dek (het)	甲板	kanpan
mast (de)	マスト	masuto
zeil (het)	帆	ho
ruim (het)	船倉	funagura
voorsteven (de)	船首	senshu
achtersteven (de)	船尾	senbi
roeispaan (de)	櫂	kai
schroef (de)	プロペラ	puropera
kajuit (de)	船室	senshitsu
officierskamer (de)	士官室	shikan shitsu
machinekamer (de)	機関室	kikan shitsu
brug (de)	船橋	funabashi
radiokamer (de)	無線室	musen shitsu
radiogolf (de)	電波	denpa
logboek (het)	航海日誌	kōkai nisshi
verrekijker (de)	単眼望遠鏡	tangan bōenkyō
klok (de)	船鐘	funekane

vlag (de)	旗	hata
kabel (de)	ロープ	rōpu
knoop (de)	結び目	musubime
trapleuning (de)	手摺	tesuri
trap (de)	舷門	genmon
anker (het)	錨 [いかり]	ikari
het anker lichten	錨をあげる	ikari wo ageru
het anker neerlaten	錨を下ろす	ikari wo orosu
ankerketting (de)	錨鎖	byōsa
haven (bijv. containerhaven)	港	minato
kaai (de)	埠頭	futō
aanleggen (ww)	係留する	keiryū suru
wegvaren (ww)	出航する	shukkō suru
reis (de)	旅行	ryokō
cruise (de)	クルーズ	kurūzu
koers (de)	針路	shinro
route (de)	船のルート	fune no rūto
vaarwater (het)	航路	kōro
zandbank (de)	浅瀬	asase
stranden (ww)	浅瀬に乗り上げる	asase ni noriageru
storm (de)	嵐	arashi
signaal (het)	信号	shingō
zinken (ov. een boot)	沈没する	chinbotsu suru
Man overboord!	落水したぞ！	ochimizu shi ta zo!
SOS (noodsignaal)	SOS	esuōesu
reddingsboei (de)	救命浮輪	kyūmei ukiwa

108. Vliegveld

luchthaven (de)	空港	kūkō
vliegtuig (het)	航空機	kōkūki
luchtvaartmaatschappij (de)	航空会社	kōkū gaisha
luchtverkeersleider (de)	航空管制官	kōkū kansei kan
vertrek (het)	出発	shuppatsu
aankomst (de)	到着	tōchaku
aankomen (per vliegtuig)	到着する	tōchaku suru
vertrektijd (de)	出発時刻	shuppatsu jikoku
aankomstuur (het)	到着時刻	tōchaku jikoku
vertraagd zijn (ww)	遅れる	okureru
vluchtvertraging (de)	フライトの遅延	furaito no chien
informatiebord (het)	フライト情報	furaito jōhō
informatie (de)	案内	annai
aankondigen (ww)	アナウンスする	anaunsu suru
vlucht (bijv. KLM ~)	フライト	furaito

douane (de)	税関	zeikan
douanier (de)	税関吏	zeikanri
douaneaangifte (de)	税関申告	zeikan shinkoku
invullen (douaneaangifte ~)	記入する	kinyū suru
een douaneaangifte invullen	申告書を記入する	shinkoku sho wo kinyū suru
paspoortcontrole (de)	入国審査	nyūkoku shinsa
bagage (de)	荷物	nimotsu
handbagage (de)	持ち込み荷物	mochikomi nimotsu
Gevonden voorwerpen	荷物紛失窓口	nimotsu funshitsu madoguchi
bagagekarretje (het)	荷物カート	nimotsu kāto
landing (de)	着陸	chakuriku
landingsbaan (de)	滑走路	kassō ro
landen (ww)	着陸する	chakuriku suru
vliegtuigtrap (de)	タラップ	tarappu
inchecken (het)	チェックイン	chekkuin
incheckbalie (de)	チェックインカウンター	chekkuin kauntā
inchecken (ww)	チェックインする	chekkuin suru
instapkaart (de)	搭乗券	tōjō ken
gate (de)	出発ゲート	shuppatsu gēto
transit (de)	乗り継ぎ	noritsugi
wachten (ww)	待つ	matsu
wachtzaal (de)	出発ロビー	shuppatsu robī
begeleiden (uitwuiven)	見送る	miokuru
afscheid nemen (ww)	別れを告げる	wakare wo tsugeru

Gebeurtenissen in het leven

109. Vakanties. Evenement

feest (het)	祝日	shukujitsu
nationale feestdag (de)	国民の祝日	kokumin no shukujitsu
feestdag (de)	公休	kōkyū
herdenken (ww)	記念する	kinen suru
gebeurtenis (de)	出来事	dekigoto
evenement (het)	イベント	ibento
banket (het)	宴会	enkai
receptie (de)	レセプション	resepushon
feestmaal (het)	ご馳走［ごちそう］	gochisō
verjaardag (de)	記念日	kinen bi
jubileum (het)	ジュビリー	jubirī
vieren (ww)	祝う	iwau
Nieuwjaar (het)	元日	ganjitsu
Gelukkig Nieuwjaar!	明けましておめでとうございます	akemashite omedetō gozaimasu
Sinterklaas (de)	サンタクロース	santa kurōsu
Kerstfeest (het)	クリスマス	kurisumasu
Vrolijk kerstfeest!	メリークリスマス！	merī kurisumasu!
kerstboom (de)	クリスマスツリー	kurisumasutsurī
vuurwerk (het)	花火	hanabi
bruiloft (de)	結婚式	kekkonshiki
bruidegom (de)	花婿	hanamuko
bruid (de)	花嫁	hanayome
uitnodigen (ww)	招待する	shōtai suru
uitnodiging (de)	招待状	shōtai jō
gast (de)	客	kyaku
op bezoek gaan	訪ねる	tazuneru
gasten verwelkomen	来客を迎える	raikyaku wo mukaeru
geschenk, cadeau (het)	贈り物、プレゼント	okurimono, purezento
geven (iets cadeau ~)	おくる（贈る）	okuru
geschenken ontvangen	プレゼントをもらう	purezento wo morau
boeket (het)	花束	hanataba
felicitaties (mv.)	祝辞	shukuji
feliciteren (ww)	祝う	iwau
wenskaart (de)	グリーティングカード	gurītingu kādo
een kaartje versturen	はがきを送る	hagaki wo okuru

een kaartje ontvangen	はがきを受け取る	hagaki wo uketoru
toast (de)	祝杯	shukuhai
aanbieden (een drankje ~)	…に一杯おごる	… ni ippai ogoru
champagne (de)	シャンパン	shanpan
plezier hebben (ww)	楽しむ	tanoshimu
plezier (het)	歓楽	kanraku
vreugde (de)	喜び	yorokobi
dans (de)	ダンス	dansu
dansen (ww)	踊る	odoru
wals (de)	ワルツ	warutsu
tango (de)	タンゴ	tango

110. Begrafenissen. Begrafenis

kerkhof (het)	墓地	bochi
graf (het)	墓	haka
kruis (het)	十字架	jūjika
grafsteen (de)	墓石	boseki
omheining (de)	柵	saku
kapel (de)	チャペル	chaperu
dood (de)	死	shi
sterven (ww)	死ぬ	shinu
overledene (de)	死者	shisha
rouw (de)	喪	mo
begraven (ww)	葬る	hōmuru
begrafenisonderneming (de)	葬儀社	sōgi sha
begrafenis (de)	葬儀	sōgi
krans (de)	葬式の花輪	sōshiki no hanawa
doodskist (de)	棺	hitsugi
lijkwagen (de)	霊柩車	reikyūsha
lijkkleed (de)	埋葬布	maisō nuno
begrafenisstoet (de)	葬列	sōretsu
urn (de)	骨壺	kotsutsubo
crematorium (het)	火葬場	kasō jō
overlijdensbericht (het)	死亡記事	shibō kiji
huilen (wenen)	泣く	naku
snikken (huilen)	むせび泣く	musebinaku

111. Oorlog. Soldaten

peloton (het)	小隊	shōtai
compagnie (de)	中隊	chūtai
regiment (het)	連隊	rentai
leger (armee)	陸軍	rikugun

divisie (de)	師団	shidan
sectie (de)	分隊	buntai
troep (de)	軍隊	guntai
soldaat (militair)	兵士	heishi
officier (de)	士官	shikan
soldaat (rang)	二等兵	nitōhei
sergeant (de)	軍曹	gunsō
luitenant (de)	中尉	chūi
kapitein (de)	大尉	taī
majoor (de)	少佐	shōsa
kolonel (de)	大佐	taisa
generaal (de)	将官	shōkan
matroos (de)	水兵	suihei
kapitein (de)	艦長	kanchō
bootsman (de)	ボースン	bōsun
artillerist (de)	砲兵	hōhei
valschermjager (de)	落下傘兵	rakkasan hei
piloot (de)	パイロット	pairotto
stuurman (de)	航空士	kōkū shi
mecanicien (de)	整備士	seibi shi
sappeur (de)	地雷工兵	jirai kōhei
parachutist (de)	落下傘兵	rakkasan hei
verkenner (de)	偵察斥候	teisatsu sekkō
scherpschutter (de)	狙撃兵	sogeki hei
patrouille (de)	パトロール	patorōru
patrouilleren (ww)	パトロールする	patorōru suru
wacht (de)	番兵	banpei
krijger (de)	戦士	senshi
held (de)	英雄	eiyū
heldin (de)	英雄	eiyū
patriot (de)	愛国者	aikoku sha
verrader (de)	裏切り者	uragirimono
verraden (ww)	裏切る	uragiru
deserteur (de)	脱走兵	dassō hei
deserteren (ww)	脱走する	dassō suru
huurling (de)	傭兵	yōhei
rekruut (de)	新兵	shinpei
vrijwilliger (de)	志願兵	shigan hei
gedode (de)	死者	shisha
gewonde (de)	負傷者	fushō sha
krijgsgevangene (de)	捕虜	horyo

112. Oorlog. Militaire acties. Deel 1

oorlog (de)	戦争	sensō
oorlog voeren (ww)	戦争中である	sensō chū de aru

burgeroorlog (de)	内戦	naisen
achterbaks (bw)	裏切って	uragitte
oorlogsverklaring (de)	宣戦布告	sensen fukoku
verklaren (de oorlog ~)	布告する	fukoku suru
agressie (de)	武力侵略	buryoku shinrya ku
aanvallen (binnenvallen)	攻撃する	kōgeki suru

binnenvallen (ww)	侵略する	shinrya ku suru
invaller (de)	侵略軍	shinrya ku gun
veroveraar (de)	征服者	seifuku sha

verdediging (de)	防衛	bōei
verdedigen (je land ~)	防衛する	bōei suru

vijand (de)	敵	teki
tegenstander (de)	かたき	kataki
vijandelijk (bn)	敵の	teki no

strategie (de)	戦略	senryaku
tactiek (de)	戦術	senjutsu

order (de)	命令	meirei
bevel (het)	命令	meirei
bevelen (ww)	命令する	meirei suru
opdracht (de)	任務	ninmu
geheim (bn)	秘密の	himitsu no

veldslag (de)	戦い	tatakai
strijd (de)	戦闘	sentō

aanval (de)	攻撃	kōgeki
bestorming (de)	突入	totsunyū
bestormen (ww)	突入する	totsunyū suru
bezetting (de)	包囲	hōi

aanval (de)	攻勢	kōsei
in het offensief te gaan	攻勢に出る	kōsei ni deru

terugtrekking (de)	撤退	tettai
zich terugtrekken (ww)	撤退する	tettai suru

omsingeling (de)	包囲	hōi
omsingelen (ww)	包囲する	hōi suru

bombardement (het)	爆撃	bakugeki
een bom gooien	爆弾を投下する	bakudan wo tōka suru
bombarderen (ww)	爆撃する	bakugeki suru
ontploffing (de)	爆発	bakuhatsu

schot (het)	発砲	happō
een schot lossen	発砲する	happō suru
schieten (het)	砲火	hōka

mikken op (ww)	狙う	nerau
aanleggen (een wapen ~)	向ける	mukeru
treffen (doelwit ~)	命中する	meichū suru

zinken (tot zinken brengen)	撃沈する	gekichin suru
kogelgat (het)	穴	ana
zinken (gezonken zijn)	沈没する	chinbotsu suru
front (het)	戦線	sensen
hinterland (het)	銃後	jūgo
evacuatie (de)	避難	hinan
evacueren (ww)	避難する	hinan suru
loopgraaf (de)	塹壕	zangō
prikkeldraad (de)	有刺鉄線	yūshitessen
verdedigingsobstakel (het)	障害物	shōgai butsu
wachttoren (de)	監視塔	kanshi tō
hospitaal (het)	軍病院	gun byōin
verwonden (ww)	負傷させる	fushō saseru
wond (de)	負傷	fushō
gewonde (de)	負傷者	fushō sha
gewond raken (ww)	負傷する	fushō suru
ernstig (~e wond)	重い	omoi

113. Oorlog. Militaire acties. Deel 2

krijgsgevangenschap (de)	捕虜	horyo
krijgsgevangen nemen	捕虜にする	horyo ni suru
krijgsgevangene zijn	捕虜になる	horyo ni naru
krijgsgevangen genomen worden	捕虜にされる	horyo ni sareru
concentratiekamp (het)	強制収容所	kyōsei shūyō sho
krijgsgevangene (de)	捕虜	horyo
vluchten (ww)	逃げる	nigeru
verraden (ww)	裏切る	uragiru
verrader (de)	裏切り者	uragirimono
verraad (het)	裏切り	uragiri
fusilleren (executeren)	銃殺する	jūsatsu suru
executie (de)	銃殺刑	jūsatsu kei
uitrusting (de)	軍服	gunpuku
schouderstuk (het)	肩章	kenshō
gasmasker (het)	ガスマスク	gasumasuku
portofoon (de)	軍用無線	gunyō musen
geheime code (de)	暗号	angō
samenzwering (de)	秘密	himitsu
wachtwoord (het)	パスワード	pasuwādo
mijn (landmijn)	地雷	jirai
ondermijnen (legden mijnen)	地雷を仕掛ける	jirai wo shikakeru
mijnenveld (het)	地雷原	jirai hara
luchtalarm (het)	空襲警報	kūshū keihō
alarm (het)	警報	keihō

signaal (het)	信号	shingō
vuurpijl (de)	信号弾	shingō dan
staf (generale ~)	本部	honbu
verkenningstocht (de)	偵察	teisatsu
toestand (de)	事態	jitai
rapport (het)	報告	hōkoku
hinderlaag (de)	奇襲	kishū
versterking (de)	増援	zōen
doel (bewegend ~)	標的	hyōteki
proefterrein (het)	実験場	jikken jō
manoeuvres (mv.)	軍事演習	gunji enshū
paniek (de)	パニック	panikku
verwoesting (de)	荒廃	kōhai
verwoestingen (mv.)	廃墟	haikyo
verwoesten (ww)	廃墟にする	haikyo ni suru
overleven (ww)	生き残る	ikinokoru
ontwapenen (ww)	武装解除する	busō kaijo suru
behandelen (een pistool ~)	扱う	atsukau
Geeft acht!	気をつけ	ki wo tsuke
Op de plaats rust!	休め	yasume
heldendaad (de)	功績	kōseki
eed (de)	誓い	chikai
zweren (een eed doen)	誓う	chikau
decoratie (de)	勲章	kunshō
onderscheiden (een ereteken geven)	授ける	sazukeru
medaille (de)	メダル	medaru
orde (de)	勲章	kunshō
overwinning (de)	戦勝	senshō
verlies (het)	敗北	haiboku
wapenstilstand (de)	休戦	kyūsen
wimpel (vaandel)	旗	hata
roem (de)	栄光	eikō
parade (de)	行進	kōshin
marcheren (ww)	行進する	kōshin suru

114. Wapens

wapens (mv.)	兵器	heiki
vuurwapens (mv.)	火器	kaki
koude wapens (mv.)	冷兵器	reiheiki
chemische wapens (mv.)	化学兵器	kagaku heiki
kern-, nucleair (bn)	核…	kaku …
kernwapens (mv.)	核兵器	kakuheiki

bom (de)	爆弾	bakudan
atoombom (de)	原子爆弾	genshi bakudan
pistool (het)	拳銃、ピストル	kenjū, pisutoru
geweer (het)	ライフル	raifuru
machinepistool (het)	サブマシンガン	sabumashin gan
machinegeweer (het)	マシンガン	mashin gan
loop (schietbuis)	銃口	jūkō
loop (bijv. geweer met kortere ~)	砲身	hōshin
kaliber (het)	口径	kōkei
trekker (de)	トリガー	torigā
korrel (de)	照準器	shōjun ki
magazijn (het)	弾倉	dansō
geweerkolf (de)	台尻	daijiri
granaat (handgranaat)	手榴弾	shuryūdan
explosieven (mv.)	爆発物	bakuhatsu butsu
kogel (de)	弾	tama
patroon (de)	実弾	jitsudan
lading (de)	装薬	sō yaku
ammunitie (de)	弾薬	danyaku
bommenwerper (de)	爆撃機	bakugeki ki
straaljager (de)	戦闘機	sentō ki
helikopter (de)	ヘリコプター	herikoputā
afweergeschut (het)	対空砲	taikū hō
tank (de)	戦車	sensha
kanon (tank met een ~ van 76 mm)	戦車砲	sensha hō
artillerie (de)	砲兵	hōhei
kanon (het)	大砲	taihō
aanleggen (een wapen ~)	狙いを定める	nerai wo sadameru
projectiel (het)	砲弾	hōdan
mortiergranaat (de)	迫撃砲弾	hakugeki hō dan
mortier (de)	迫撃砲	hakugeki hō
granaatscherf (de)	砲弾の破片	hōdan no hahen
duikboot (de)	潜水艦	sensui kan
torpedo (de)	魚雷	gyorai
raket (de)	ミサイル	misairu
laden (geweer, kanon)	装填する	sōten suru
schieten (ww)	撃つ	utsu
richten op (mikken)	向ける	mukeru
bajonet (de)	銃剣	jūken
degen (de)	エペ	epe
sabel (de)	サーベル	sāberu
speer (de)	槍	yari

boog (de)	弓	yumi
pijl (de)	矢	ya
musket (de)	マスケット銃	masuketto jū
kruisboog (de)	石弓	ishiyumi

115. Oude mensen

primitief (bn)	原始の	genshi no
voorhistorisch (bn)	先史時代の	senshi jidai no
eeuwenoude (~ beschaving)	古代の	kodai no
Steentijd (de)	石器時代	sekki jidai
Bronstijd (de)	青銅器時代	seidōki jidai
IJstijd (de)	氷河時代	hyōga jidai
stam (de)	部族	buzoku
menseneter (de)	人食い人種	hito kui jin shi
jager (de)	狩人	karyūdo
jagen (ww)	狩る	karu
mammoet (de)	マンモス	manmosu
grot (de)	洞窟	dōkutsu
vuur (het)	火	hi
kampvuur (het)	焚火	takibi
rotstekening (de)	岩壁画	iwa hekiga
werkinstrument (het)	道具	dōgu
speer (de)	槍	yari
stenen bijl (de)	石斧	sekifu
oorlog voeren (ww)	戦争中である	sensō chū de aru
temmen (bijv. wolf ~)	飼い慣らす	kainarasu
idool (het)	偶像	gūzō
aanbidden (ww)	崇拝する	sūhai suru
bijgeloof (het)	迷信	meishin
ritueel (het)	儀式	gishiki
evolutie (de)	進化	shinka
ontwikkeling (de)	発達	hattatsu
verdwijning (de)	絶滅	zetsumetsu
zich aanpassen (ww)	適応する	tekiō suru
archeologie (de)	考古学	kōkogaku
archeoloog (de)	考古学者	kōkogakusha
archeologisch (bn)	考古学の	kōkogaku no
opgravingsplaats (de)	発掘現場	hakkutsu genba
opgravingen (mv.)	発掘	hakkutsu
vondst (de)	発見	hakken
fragment (het)	一片	ippen

116. Middeleeuwen

volk (het)	民族	minzoku
volkeren (mv.)	民族	minzoku
stam (de)	部族	buzoku
stammen (mv.)	部族	buzoku
barbaren (mv.)	野蛮人	yaban jin
Galliërs (mv.)	ガリア人	ga ria jin
Goten (mv.)	ゴート人	gōto jin
Slaven (mv.)	スラヴ人	suravu jin
Vikings (mv.)	ヴァイキング	bai kingu
Romeinen (mv.)	ローマ人	rōma jin
Romeins (bn)	ローマの	rōma no
Byzantijnen (mv.)	ビザンティン人	bizantin jin
Byzantium (het)	ビザンチウム	bizanchiumu
Byzantijns (bn)	ビザンチンの	bizanchin no
keizer (bijv. Romeinse ~)	皇帝	kōtei
opperhoofd (het)	リーダー	rīdā
machtig (bn)	強力な	kyōryoku na
koning (de)	王	ō
heerser (de)	支配者	shihai sha
ridder (de)	騎士	kishi
feodaal (de)	封建領主	hōken ryōshu
feodaal (bn)	封建時代の	hōken jidai no
vazal (de)	臣下	shinka
hertog (de)	公爵	kōshaku
graaf (de)	伯爵	hakushaku
baron (de)	男爵	danshaku
bisschop (de)	司教	shikyō
harnas (het)	よろい [鎧]	yoroi
schild (het)	盾	tate
zwaard (het)	剣	ken
vizier (het)	バイザー	baizā
maliënkolder (de)	鎖帷子	kusarikatabira
kruistocht (de)	十字軍	jūjigun
kruisvaarder (de)	十字軍の戦士	jūjigun no senshi
gebied (bijv. bezette ~en)	領土	ryōdo
aanvallen (binnenvallen)	攻撃する	kōgeki suru
veroveren (ww)	征服する	seifuku suru
innemen (binnenvallen)	占領する	senryō suru
bezetting (de)	包囲	hōi
bezet (bn)	攻囲された	kōi sare ta
belegeren (ww)	攻囲する	kōi suru
inquisitie (de)	宗教裁判	shūkyō saiban
inquisiteur (de)	宗教裁判官	shūkyō saibankan

foltering (de)	拷問	gōmon
wreed (bn)	残酷な	zankoku na
ketter (de)	異端者	itan sha
ketterij (de)	異端	itan
zeevaart (de)	船旅	funatabi
piraat (de)	海賊	kaizoku
piraterij (de)	海賊行為	kaizoku kōi
enteren (het)	移乗攻撃	ijō kōgeki
buit (de)	戦利品	senri hin
schatten (mv.)	宝	takara
ontdekking (de)	発見	hakken
ontdekken (bijv. nieuw land)	発見する	hakken suru
expeditie (de)	探検	tanken
musketier (de)	銃士	jū shi
kardinaal (de)	枢機卿	sūkikyō
heraldiek (de)	紋章学	monshō gaku
heraldisch (bn)	紋章の	monshō no

117. Leider. Baas. Autoriteiten

koning (de)	国王	kokuō
koningin (de)	女王	joō
koninklijk (bn)	王室の	ōshitsu no
koninkrijk (het)	王国	ōkoku
prins (de)	王子	ōji
prinses (de)	王妃	ōhi
president (de)	大統領	daitōryō
vicepresident (de)	副大統領	fuku daitōryō
senator (de)	上院議員	jōin gīn
monarch (de)	君主	kunshu
heerser (de)	支配者	shihai sha
dictator (de)	独裁者	dokusai sha
tiran (de)	暴君	bōkun
magnaat (de)	マグナート	magunāto
directeur (de)	責任者	sekinin sha
chef (de)	長	chō
beheerder (de)	管理者	kanri sha
baas (de)	ボス	bosu
eigenaar (de)	経営者	keieisha
leider (de)	リーダー	rīdā
hoofd (bijv. ~ van de delegatie)	長	chō
autoriteiten (mv.)	当局	tōkyoku
superieuren (mv.)	上司	jōshi
gouverneur (de)	知事	chiji
consul (de)	領事	ryōji

diplomaat (de)	外交官	gaikō kan
burgemeester (de)	市長	shichō
sheriff (de)	保安官	hoan kan

keizer (bijv. Romeinse ~)	皇帝	kōtei
tsaar (de)	ツァーリ	tsāri
farao (de)	ファラオ	farao
kan (de)	ハン	han

118. De wet overtreden. Criminelen. Deel 1

bandiet (de)	山賊	sanzoku
misdaad (de)	犯罪	hanzai
misdadiger (de)	犯罪者	hanzai sha

dief (de)	泥棒	dorobō
stelen (ww)	盗む	nusumu
stelen (de)	窃盗	settō
diefstal (de)	泥棒	dorobō

kidnappen (ww)	誘拐する	yūkai suru
kidnapping (de)	誘拐	yūkai
kidnapper (de)	誘拐犯	yūkai han

| losgeld (het) | 身代金 | minoshirokin |
| eisen losgeld (ww) | 身代金を要求する | minoshirokin wo yōkyū suru |

overvallen (ww)	強盗する	gōtō suru
overval (de)	強盗	gōtō
overvaller (de)	強盗犯	gōtō han

afpersen (ww)	恐喝する	kyōkatsu suru
afperser (de)	恐喝者	kyōkatsu sha
afpersing (de)	恐喝	kyōkatsu

vermoorden (ww)	殺す	korosu
moord (de)	殺人	satsujin
moordenaar (de)	殺人者	satsujin sha

schot (het)	発砲	happō
een schot lossen	発砲する	happō suru
neerschieten (ww)	射殺する	shasatsu suru
schieten (ww)	撃つ	utsu
schieten (het)	射撃	shageki

ongeluk (gevecht, enz.)	事件	jiken
gevecht (het)	喧嘩	kenka
Help!	助けて！	tasuke te!
slachtoffer (het)	被害者	higai sha

beschadigen (ww)	損害を与える	songai wo ataeru
schade (de)	損害	songai
lijk (het)	死体	shitai
zwaar (~ misdrijf)	重い	omoi

aanvallen (ww)	攻撃する	kōgeki suru
slaan (iemand ~)	殴る	naguru
in elkaar slaan (toetakelen)	打ちのめす	uchinomesu
ontnemen (beroven)	強奪する	gōdatsu suru
steken (met een mes)	刺し殺す	sashikorosu
verminken (ww)	重症を負わせる	jūshō wo owaseru
verwonden (ww)	負わせる	owaseru
chantage (de)	恐喝	kyōkatsu
chanteren (ww)	恐喝する	kyōkatsu suru
chanteur (de)	恐喝者	kyōkatsu sha
afpersing (de)	ゆすり	yusuri
afperser (de)	ゆすりを働く人	yusuri wo hataraku hito
gangster (de)	暴力団員	bōryokudan in
maffia (de)	マフィア	mafia
kruimeldief (de)	すり	suri
inbreker (de)	強盗	gōtō
smokkelen (het)	密輸	mitsuyu
smokkelaar (de)	密輸者	mitsuyu sha
namaak (de)	偽造	gizō
namaken (ww)	偽造する	gizō suru
namaak-, vals (bn)	偽造の	gizō no

119. De wet overtreden. Criminelen. Deel 2

verkrachting (de)	強姦	gōkan
verkrachten (ww)	強姦する	gōkan suru
verkrachter (de)	強姦犯	gōkan han
maniak (de)	マニア	mania
prostituee (de)	売春婦	baishun fu
prostitutie (de)	売春	baishun
pooier (de)	ポン引き	pon biki
drugsverslaafde (de)	麻薬中毒者	mayaku chūdoku sha
drugshandelaar (de)	麻薬の売人	mayaku no bainin
opblazen (ww)	爆発させる	bakuhatsu saseru
explosie (de)	爆発	bakuhatsu
in brand steken (ww)	放火する	hōka suru
brandstichter (de)	放火犯人	hōka hannin
terrorisme (het)	テロリズム	terorizumu
terrorist (de)	テロリスト	terorisuto
gijzelaar (de)	人質	hitojichi
bedriegen (ww)	詐欺を働く	sagi wo hataraku
bedrog (het)	詐欺	sagi
oplichter (de)	詐欺師	sagi shi
omkopen (ww)	賄賂を渡す	wairo wo watasu
omkoperij (de)	賄賂の授受	wairo no juju

smeergeld (het)	賄賂	wairo
vergif (het)	毒	doku
vergiftigen (ww)	…を毒殺する	… wo dokusatsu suru
vergif innemen (ww)	毒薬を飲む	dokuyaku wo nomu
zelfmoord (de)	自殺	jisatsu
zelfmoordenaar (de)	自殺者	jisatsu sha
bedreigen (bijv. met een pistool)	脅す	odosu
bedreiging (de)	脅し	odoshi
een aanslag plegen	殺そうとする	koroso u to suru
aanslag (de)	殺人未遂	satsujin misui
stelen (een auto)	盗む	nusumu
kapen (een vliegtuig)	ハイジャックする	haijakku suru
wraak (de)	復讐	fukushū
wreken (ww)	復讐する	fukushū suru
martelen (gevangenen)	拷問する	gōmon suru
foltering (de)	拷問	gōmon
folteren (ww)	虐待する	gyakutai suru
piraat (de)	海賊	kaizoku
straatschender (de)	フーリガン	fūrigan
gewapend (bn)	武装した	busō shi ta
geweld (het)	暴力	bōryoku
onwettig (strafbaar)	違法な	ihō na
spionage (de)	スパイ行為	supai kōi
spioneren (ww)	スパイする	supai suru

120. Politie. Wet. Deel 1

gerecht (het)	司法	shihō
gerechtshof (het)	裁判所	saibansho
rechter (de)	裁判官	saibankan
jury (de)	陪審員	baishin in
juryrechtspraak (de)	陪審裁判	baishin saiban
berechten (ww)	判決を下す	hanketsu wo kudasu
advocaat (de)	弁護士	bengoshi
beklaagde (de)	被告人	hikoku jin
beklaagdenbank (de)	被告席	hikoku seki
beschuldiging (de)	告発	kokuhatsu
beschuldigde (de)	被告人	hikoku jin
vonnis (het)	判決	hanketsu
veroordelen (in een rechtszaak)	判決を下す	hanketsu wo kudasu
schuldige (de)	有罪の	yūzai no

straffen (ww)	処罰する	shobatsu suru
bestraffing (de)	処罰	shobatsu
boete (de)	罰金	bakkin
levenslange opsluiting (de)	終身刑	shūshin kei
doodstraf (de)	死刑	shikei
elektrische stoel (de)	電気椅子	denki isu
schavot (het)	絞首台	kōshu dai
executeren (ww)	処刑する	shokei suru
executie (de)	死刑	shikei
gevangenis (de)	刑務所	keimusho
cel (de)	独房	dokubō
konvooi (het)	護送	gosō
gevangenisbewaker (de)	刑務官	keimu kan
gedetineerde (de)	囚人	shūjin
handboeien (mv.)	手錠	tejō
handboeien omdoen	手錠をかける	tejō wo kakeru
ontsnapping (de)	脱獄	datsugoku
ontsnappen (ww)	脱獄する	datsugoku suru
verdwijnen (ww)	姿を消す	sugata wo kesu
vrijlaten (uit de gevangenis)	放免する	hōmen suru
amnestie (de)	恩赦	onsha
politie (de)	警察	keisatsu
politieagent (de)	警官	keikan
politiebureau (het)	警察署	keisatsu sho
knuppel (de)	警棒	keibō
megafoon (de)	拡声器	kakusei ki
patrouilleerwagen (de)	パトロールカー	patorōrukā
sirene (de)	サイレン	sairen
de sirene aansteken	サイレンを鳴らす	sairen wo narasu
geloei (het) van de sirene	サイレンの音	sairen no oto
plaats delict (de)	犯行現場	hankō genba
getuige (de)	目撃者	mokugeki sha
vrijheid (de)	自由	jiyū
handlanger (de)	共犯者	kyōhan sha
ontvluchten (ww)	逃走する	tōsō suru
spoor (het)	形跡	keiseki

121. Politie. Wet. Deel 2

opsporing (de)	捜査	sōsa
opsporen (ww)	捜索する	sōsaku suru
verdenking (de)	嫌疑	kengi
verdacht (bn)	不審な	fushin na
aanhouden (stoppen)	止める	tomeru
tegenhouden (ww)	留置する	ryūchi suru

strafzaak (de)	事件	jiken
onderzoek (het)	捜査	sōsa
detective (de)	探偵	tantei
onderzoeksrechter (de)	捜査官	sōsa kan
versie (de)	仮説	kasetsu
motief (het)	動機	dōki
verhoor (het)	尋問	jinmon
ondervragen (door de politie)	尋問する	jinmon suru
ondervragen (omstanders ~)	尋問する	jinmon suru
controle (de)	身元確認	mimoto kakunin
razzia (de)	一斉検挙	issei kenkyo
huiszoeking (de)	家宅捜索	kataku sōsaku
achtervolging (de)	追跡	tsuiseki
achtervolgen (ww)	追跡する	tsuiseki suru
opsporen (ww)	追う	ō
arrest (het)	逮捕	taiho
arresteren (ww)	逮捕する	taiho suru
vangen, aanhouden (een dief, enz.)	捕まえる	tsukamaeru
aanhouding (de)	捕獲	hokaku
document (het)	文書	bunsho
bewijs (het)	証拠	shōko
bewijzen (ww)	証明する	shōmei suru
voetspoor (het)	足跡	ashiato
vingerafdrukken (mv.)	指紋	shimon
bewijs (het)	一つの証拠	hitotsu no shōko
alibi (het)	アリバイ	aribai
onschuldig (bn)	無罪の	muzai no
onrecht (het)	不当	futō
onrechtvaardig (bn)	不当な	futō na
crimineel (bn)	犯罪の	hanzai no
confisqueren (in beslag nemen)	没収する	bosshū suru
drug (de)	麻薬	mayaku
wapen (het)	兵器	heiki
ontwapenen (ww)	武装解除する	busō kaijo suru
bevelen (ww)	命令する	meirei suru
verdwijnen (ww)	姿を消す	sugata wo kesu
wet (de)	法律	hōritsu
wettelijk (bn)	合法の	gōhō no
onwettelijk (bn)	違法な	ihō na
verantwoordelijkheid (de)	責め	seme
verantwoordelijk (bn)	責めを負うべき	seme wo ō beki

NATUUR

De Aarde. Deel 1

122. De kosmische ruimte

kosmos (de)	宇宙	uchū
kosmisch (bn)	宇宙の	uchū no
kosmische ruimte (de)	宇宙空間	uchū kūkan
wereld (de)	世界	sekai
heelal (het)	宇宙	uchū
sterrenstelsel (het)	銀河系	gingakei
ster (de)	星	hoshi
sterrenbeeld (het)	星座	seiza
planeet (de)	惑星	wakusei
satelliet (de)	衛星	eisei
meteoriet (de)	隕石	inseki
komeet (de)	彗星	suisei
asteroïde (de)	小惑星	shōwakusei
baan (de)	軌道	kidō
draaien (om de zon, enz.)	公転する	kōten suru
atmosfeer (de)	大気	taiki
Zon (de)	太陽	taiyō
zonnestelsel (het)	太陽系	taiyōkei
zonsverduistering (de)	日食	nisshoku
Aarde (de)	地球	chikyū
Maan (de)	月	tsuki
Mars (de)	火星	kasei
Venus (de)	金星	kinsei
Jupiter (de)	木星	mokusei
Saturnus (de)	土星	dosei
Mercurius (de)	水星	suisei
Uranus (de)	天王星	tennōsei
Neptunus (de)	海王星	kaiōsei
Pluto (de)	冥王星	meiōsei
Melkweg (de)	天の川	amanogawa
Grote Beer (de)	おおぐま座	ōguma za
Poolster (de)	北極星	hokkyokusei
marsmannetje (het)	火星人	kasei jin
buitenaards wezen (het)	宇宙人	uchū jin

bovenaards (het)	異星人	i hoshi jin
vliegende schotel (de)	空飛ぶ円盤	sora tobu enban
ruimtevaartuig (het)	宇宙船	uchūsen
ruimtestation (het)	宇宙ステーション	uchū sutēshon
start (de)	打ち上げ	uchiage
motor (de)	エンジン	enjin
straalpijp (de)	ノズル	nozuru
brandstof (de)	燃料	nenryō
cabine (de)	コックピット	kokkupitto
antenne (de)	アンテナ	antena
patrijspoort (de)	舷窓	gensō
zonnebatterij (de)	太陽電池	taiyō denchi
ruimtepak (het)	宇宙服	uchū fuku
gewichtloosheid (de)	無重力	mu jūryoku
zuurstof (de)	酸素	sanso
koppeling (de)	ドッキング	dokkingu
koppeling maken	ドッキングする	dokkingu suru
observatorium (het)	天文台	tenmondai
telescoop (de)	望遠鏡	bōenkyō
waarnemen (ww)	観察する	kansatsu suru
exploreren (ww)	探索する	tansaku suru

123. De Aarde

Aarde (de)	地球	chikyū
aardbol (de)	世界	sekai
planeet (de)	惑星	wakusei
atmosfeer (de)	大気	taiki
aardrijkskunde (de)	地理学	chiri gaku
natuur (de)	自然	shizen
wereldbol (de)	地球儀	chikyūgi
kaart (de)	地図	chizu
atlas (de)	地図帳	chizu chō
Europa (het)	ヨーロッパ	yōroppa
Azië (het)	アジア	ajia
Afrika (het)	アフリカ	afurika
Australië (het)	オーストラリア	ōsutoraria
Amerika (het)	アメリカ	amerika
Noord-Amerika (het)	北アメリカ	kita amerika
Zuid-Amerika (het)	南アメリカ	minami amerika
Antarctica (het)	南極大陸	nankyokutairiku
Arctis (de)	北極	hokkyoku

124. Windrichtingen

noorden (het)	北	kita
naar het noorden	北へ	kita he
in het noorden	北に	kita ni
noordelijk (bn)	北の	kita no
zuiden (het)	南	minami
naar het zuiden	南へ	minami he
in het zuiden	南に	minami ni
zuidelijk (bn)	南の	minami no
westen (het)	西	nishi
naar het westen	西へ	nishi he
in het westen	西に	nishi ni
westelijk (bn)	西の	nishi no
oosten (het)	東	higashi
naar het oosten	東へ	higashi he
in het oosten	東に	higashi ni
oostelijk (bn)	東の	higashi no

125. Zee. Oceaan

zee (de)	海	umi
oceaan (de)	海洋	kaiyō
golf (baai)	湾	wan
straat (de)	海峡	kaikyō
grond (vaste grond)	乾燥地	kansō chi
continent (het)	大陸	tairiku
eiland (het)	島	shima
schiereiland (het)	半島	hantō
archipel (de)	多島海	tatōkai
baai, bocht (de)	入り江	irie
haven (de)	泊地	hakuchi
lagune (de)	潟	kata
kaap (de)	岬	misaki
atol (de)	環礁	kanshō
rif (het)	暗礁	anshō
koraal (het)	サンゴ	sango
koraalrif (het)	サンゴ礁	sangoshō
diep (bn)	深い	fukai
diepte (de)	深さ	fuka sa
diepzee (de)	深淵	shinen
trog (bijv. Marianentrog)	海溝	kaikō
stroming (de)	海流	kairyū
omspoelen (ww)	取り囲む	torikakomu
oever (de)	海岸	kaigan

kust (de)	沿岸	engan
vloed (de)	満潮	manchō
eb (de)	干潮	kanchō
ondiepte (ondiep water)	砂州	sasu
bodem (de)	底	soko
golf (hoge ~)	波	nami
golfkam (de)	波頭	namigashira
schuim (het)	泡	awa
storm (de)	嵐	arashi
orkaan (de)	ハリケーン	harikēn
tsunami (de)	津波	tsunami
windstilte (de)	凪	nagi
kalm (bijv. ~e zee)	穏やかな	odayaka na
pool (de)	極地	kyokuchi
polair (bn)	極地の	kyokuchi no
breedtegraad (de)	緯度	ido
lengtegraad (de)	経度	keido
parallel (de)	度線	dosen
evenaar (de)	赤道	sekidō
hemel (de)	空	sora
horizon (de)	地平線	chiheisen
lucht (de)	空気	kūki
vuurtoren (de)	灯台	tōdai
duiken (ww)	飛び込む	tobikomu
zinken (ov. een boot)	沈没する	chinbotsu suru
schatten (mv.)	宝	takara

126. Namen van zeeën en oceanen

Atlantische Oceaan (de)	大西洋	taiseiyō
Indische Oceaan (de)	インド洋	indoyō
Stille Oceaan (de)	太平洋	taiheiyō
Noordelijke IJszee (de)	北水洋	kitakōriyō
Zwarte Zee (de)	黒海	kokkai
Rode Zee (de)	紅海	kōkai
Gele Zee (de)	黄海	kōkai
Witte Zee (de)	白海	hakkai
Kaspische Zee (de)	カスピ海	kasupikai
Dode Zee (de)	死海	shikai
Middellandse Zee (de)	地中海	chichūkai
Egeïsche Zee (de)	エーゲ海	ēgekai
Adriatische Zee (de)	アドリア海	adoriakai
Arabische Zee (de)	アラビア海	arabia kai
Japanse Zee (de)	日本海	nihonkai

Beringzee (de)	ベーリング海	bēringukai
Zuid-Chinese Zee (de)	南シナ海	minami shinakai
Koraalzee (de)	珊瑚海	sangokai
Tasmanzee (de)	タスマン海	tasumankai
Caribische Zee (de)	カリブ海	karibukai
Barentszzee (de)	バレンツ海	barentsukai
Karische Zee (de)	カラ海	karakai
Noordzee (de)	北海	hokkai
Baltische Zee (de)	バルト海	barutokai
Noorse Zee (de)	ノルウェー海	noruwē umi

127. Bergen

berg (de)	山	yama
bergketen (de)	山脈	sanmyaku
gebergte (het)	山稜	sanryō
bergtop (de)	頂上	chōjō
bergpiek (de)	とがった山頂	togatta sanchō
voet (ov. de berg)	麓	fumoto
helling (de)	山腹	sanpuku
vulkaan (de)	火山	kazan
actieve vulkaan (de)	活火山	kakkazan
uitgedoofde vulkaan (de)	休火山	kyūkazan
uitbarsting (de)	噴火	funka
krater (de)	噴火口	funkakō
magma (het)	岩漿、マグマ	ganshō, maguma
lava (de)	溶岩	yōgan
gloeiend (~e lava)	溶…	yō …
kloof (canyon)	峡谷	kyōkoku
bergkloof (de)	峡谷	kyōkoku
spleet (de)	裂け目	sakeme
afgrond (de)	奈落の底	naraku no soko
bergpas (de)	峠	tōge
plateau (het)	高原	kōgen
klip (de)	断崖	dangai
heuvel (de)	丘	oka
gletsjer (de)	氷河	hyōga
waterval (de)	滝	taki
geiser (de)	間欠泉	kanketsusen
meer (het)	湖	mizūmi
vlakte (de)	平原	heigen
landschap (het)	風景	fūkei
echo (de)	こだま	kodama
alpinist (de)	登山家	tozan ka

bergbeklimmer (de)	ロッククライマー	rokku kuraimā
trotseren (berg ~)	征服する	seifuku suru
beklimming (de)	登山	tozan

128. Bergen namen

Alpen (de)	アルプス山脈	arupusu sanmyaku
Mont Blanc (de)	モンブラン	monburan
Pyreneeën (de)	ピレネー山脈	pirenē sanmyaku
Karpaten (de)	カルパティア山脈	karupatia sanmyaku
Oeralgebergte (het)	ウラル山脈	uraru sanmyaku
Kaukasus (de)	コーカサス山脈	kōkasasu sanmyaku
Elbroes (de)	エルブルス山	eruburusu san
Altaj (de)	アルタイ山脈	arutai sanmyaku
Tiensjan (de)	天山山脈	amayama sanmyaku
Pamir (de)	パミール高原	pamīru kōgen
Himalaya (de)	ヒマラヤ	himaraya
Everest (de)	エベレスト	eberesuto
Andes (de)	アンデス山脈	andesu sanmyaku
Kilimanjaro (de)	キリマンジャロ	kirimanjaro

129. Rivieren

rivier (de)	川	kawa
bron (~ van een rivier)	泉	izumi
rivierbedding (de)	川床	kawadoko
rivierbekken (het)	流域	ryūiki
uitmonden in ...	…に流れ込む	... ni nagarekomu
zijrivier (de)	支流	shiryū
oever (de)	川岸	kawagishi
stroming (de)	流れ	nagare
stroomafwaarts (bw)	下流の	karyū no
stroomopwaarts (bw)	上流の	jōryū no
overstroming (de)	洪水	kōzui
overstroming (de)	氾濫	hanran
buiten zijn oevers treden	氾濫する	hanran suru
overstromen (ww)	水浸しにする	mizubitashi ni suru
zandbank (de)	浅瀬	asase
stroomversnelling (de)	急流	kyūryū
dam (de)	ダム	damu
kanaal (het)	運河	unga
spaarbekken (het)	ため池 [溜池]	tameike
sluis (de)	水門	suimon
waterlichaam (het)	水域	suīki

moeras (het)	沼地	numachi
broek (het)	湿地	shicchi
draaikolk (de)	渦	uzu
stroom (de)	小川	ogawa
drink- (abn)	飲用の	inyō no
zoet (~ water)	淡…	tan …
IJs (het)	氷	kōri
bevriezen (rivier, enz.)	氷結する	hyōketsu suru

130. Namen van rivieren

Seine (de)	セーヌ川	sēnu gawa
Loire (de)	ロワール川	rowāru gawa
Theems (de)	テムズ川	temuzu gawa
Rijn (de)	ライン川	rain gawa
Donau (de)	ドナウ川	donau gawa
Wolga (de)	ヴォルガ川	voruga gawa
Don (de)	ドン川	don gawa
Lena (de)	レナ川	rena gawa
Gele Rivier (de)	黄河	kōga
Blauwe Rivier (de)	長江	chōkō
Mekong (de)	メコン川	mekon gawa
Ganges (de)	ガンジス川	ganjisu gawa
Nijl (de)	ナイル川	nairu gawa
Kongo (de)	コンゴ川	kongo gawa
Okavango (de)	オカヴァンゴ川	okavango gawa
Zambezi (de)	ザンベジ川	zanbeji gawa
Limpopo (de)	リンポポ川	rinpopo gawa
Mississippi (de)	ミシシッピ川	mishishippi gawa

131. Bos

bos (het)	森林	shinrin
bos- (abn)	森林の	shinrin no
oerwoud (dicht bos)	密林	mitsurin
bosje (klein bos)	木立	kodachi
open plek (de)	空き地	akichi
struikgewas (het)	やぶ ［藪］	yabu
struiken (mv.)	低木地域	teiboku chīki
paadje (het)	小道	komichi
ravijn (het)	ガリ	gari
boom (de)	木	ki
blad (het)	葉	ha

gebladerte (het)	葉っぱ	happa
vallende bladeren (mv.)	落葉	rakuyō
vallen (ov. de bladeren)	落ちる	ochiru
boomtop (de)	木のてっぺん	kinoteppen
tak (de)	枝	eda
ent (de)	主枝	shushi
knop (de)	芽［め］	me
naald (de)	松葉	matsuba
dennenappel (de)	松ぼっくり	matsubokkuri
boom holte (de)	樹洞	kihora
nest (het)	巣	su
hol (het)	巣穴	su ana
stam (de)	幹	miki
wortel (bijv. boom~s)	根	ne
schors (de)	樹皮	juhi
mos (het)	コケ［苔］	koke
ontwortelen (een boom)	根こそぎにする	nekosogi ni suru
kappen (een boom ~)	切り倒す	kiritaosu
ontbossen (ww)	切り払う	kiriharau
stronk (de)	切り株	kirikabu
kampvuur (het)	焚火	takibi
bosbrand (de)	森林火災	shinrin kasai
blussen (ww)	火を消す	hi wo kesu
boswachter (de)	森林警備隊員	shinrin keibi taīn
bescherming (de)	保護	hogo
beschermen (bijv. de natuur ~)	保護する	hogo suru
stroper (de)	密漁者	mitsuryō sha
val (de)	罠	wana
plukken (paddestoelen ~)	摘み集める	tsumi atsumeru
plukken (bessen ~)	採る	toru
verdwalen (de weg kwijt zijn)	道に迷う	michi ni mayō

132. Natuurlijke hulpbronnen

natuurlijke rijkdommen (mv.)	天然資源	tennen shigen
delfstoffen (mv.)	鉱物資源	kōbutsu shigen
lagen (mv.)	鉱床	kōshō
veld (bijv. olie~)	田	den
winnen (uit erts ~)	採掘する	saikutsu suru
winning (de)	採掘	saikutsu
erts (het)	鉱石	kōseki
mijn (bijv. kolenmijn)	鉱山	kōzan
mijnschacht (de)	立坑	tatekō
mijnwerker (de)	鉱山労働者	kōzan rōdō sha
gas (het)	ガス	gasu

gasleiding (de)	ガスパイプライン	gasu paipurain
olie (aardolie)	石油	sekiyu
olieleiding (de)	石油パイプライン	sekiyu paipurain
oliebron (de)	油井	yusei
boortoren (de)	油井やぐら	yusei ya gura
tanker (de)	タンカー	tankā
zand (het)	砂	suna
kalksteen (de)	石灰岩	sekkaigan
grind (het)	砂利	jari
veen (het)	泥炭	deitan
klei (de)	粘土	nendo
steenkool (de)	石炭	sekitan
IJzer (het)	鉄	tetsu
goud (het)	金	kin
zilver (het)	銀	gin
nikkel (het)	ニッケル	nikkeru
koper (het)	銅	dō
zink (het)	亜鉛	aen
mangaan (het)	マンガン	mangan
kwik (het)	水銀	suigin
lood (het)	鉛	namari
mineraal (het)	鉱物	kōbutsu
kristal (het)	水晶	suishō
marmer (het)	大理石	dairiseki
uraan (het)	ウラン	uran

De Aarde. Deel 2

133. Weer

weer (het)	天気	tenki
weersvoorspelling (de)	天気予報	tenki yohō
temperatuur (de)	温度	ondo
thermometer (de)	温度計	ondo kei
barometer (de)	気圧計	kiatsu kei
vochtig (bn)	湿度の	shitsudo no
vochtigheid (de)	湿度	shitsudo
hitte (de)	猛暑	mōsho
heet (bn)	暑い	atsui
het is heet	暑いです	atsui desu
het is warm	暖かいです	atatakai desu
warm (bn)	暖かい	atatakai
het is koud	寒いです	samui desu
koud (bn)	寒い	samui
zon (de)	太陽	taiyō
schijnen (de zon)	照る	teru
zonnig (~e dag)	晴れの	hare no
opgaan (ov. de zon)	昇る	noboru
ondergaan (ww)	沈む	shizumu
wolk (de)	雲	kumo
bewolkt (bn)	曇りの	kumori no
regenwolk (de)	雨雲	amagumo
somber (bn)	どんよりした	donyori shi ta
regen (de)	雨	ame
het regent	雨が降っている	ame ga futte iru
regenachtig (bn)	雨の	ame no
motregenen (ww)	そぼ降る	sobofuru
plensbui (de)	土砂降りの雨	doshaburi no ame
stortbui (de)	大雨	ōame
hard (bn)	激しい	hageshī
plas (de)	水溜り	mizutamari
nat worden (ww)	ぬれる [濡れる]	nureru
mist (de)	霧	kiri
mistig (bn)	霧の	kiri no
sneeuw (de)	雪	yuki
het sneeuwt	雪が降っている	yuki ga futte iru

134. Zwaar weer. Natuurrampen

noodweer (storm)	雷雨	raiu
bliksem (de)	稲妻	inazuma
flitsen (ww)	ピカッと光る	pikatto hikaru
donder (de)	雷	kaminari
donderen (ww)	雷が鳴る	kaminari ga naru
het dondert	雷が鳴っている	kaminari ga natte iru
hagel (de)	ひょう [雹]	hyō
het hagelt	ひょうが降っている	hyō ga futte iru
overstromen (ww)	水浸しにする	mizubitashi ni suru
overstroming (de)	洪水	kōzui
aardbeving (de)	地震	jishin
aardschok (de)	震動	shindō
epicentrum (het)	震源地	shingen chi
uitbarsting (de)	噴火	funka
lava (de)	溶岩	yōgan
wervelwind (de)	旋風	senpū
windhoos (de)	竜巻	tatsumaki
tyfoon (de)	台風	taifū
orkaan (de)	ハリケーン	harikēn
storm (de)	暴風	bōfū
tsunami (de)	津波	tsunami
cycloon (de)	サイクロン	saikuron
onweer (het)	悪い天気	warui tenki
brand (de)	火事	kaji
ramp (de)	災害	saigai
meteoriet (de)	隕石	inseki
lawine (de)	雪崩	nadare
sneeuwverschuiving (de)	雪崩	nadare
sneeuwjacht (de)	猛吹雪	mō fubuki
sneeuwstorm (de)	吹雪	fubuki

Fauna

135. Zoogdieren. Roofdieren

roofdier (het)	肉食獣	nikushoku juu
tijger (de)	トラ [虎]	tora
leeuw (de)	ライオン	raion
wolf (de)	オオカミ	ōkami
vos (de)	キツネ [狐]	kitsune
jaguar (de)	ジャガー	jagā
luipaard (de)	ヒョウ [豹]	hyō
jachtluipaard (de)	チーター	chītā
panter (de)	黒豹	kuro hyō
poema (de)	ピューマ	pyūma
sneeuwluipaard (de)	雪豹	yuki hyō
lynx (de)	オオヤマネコ	ōyamaneko
coyote (de)	コヨーテ	koyōte
jakhals (de)	ジャッカル	jakkaru
hyena (de)	ハイエナ	haiena

136. Wilde dieren

dier (het)	動物	dōbutsu
beest (het)	獣	shishi
eekhoorn (de)	リス	risu
egel (de)	ハリネズミ [針鼠]	harinezumi
haas (de)	ヘア	hea
konijn (het)	ウサギ [兎]	usagi
das (de)	アナグマ	anaguma
wasbeer (de)	アライグマ	araiguma
hamster (de)	ハムスター	hamusutā
marmot (de)	マーモット	māmotto
mol (de)	モグラ	mogura
muis (de)	ネズミ	nezumi
rat (de)	ラット	ratto
vleermuis (de)	コウモリ [蝙蝠]	kōmori
hermelijn (de)	オコジョ	okojo
sabeldier (het)	クロテン	kuroten
marter (de)	マツテン	matsu ten
wezel (de)	イタチ (鼬、鼬鼠)	itachi
nerts (de)	ミンク	minku

bever (de)	ビーバー	bībā
otter (de)	カワウソ	kawauso
paard (het)	ウマ [馬]	uma
eland (de)	ヘラジカ（箆鹿）	herajika
hert (het)	シカ [鹿]	shika
kameel (de)	ラクダ [駱駝]	rakuda
bizon (de)	アメリカバイソン	amerika baison
oeros (de)	ヨーロッパバイソン	yōroppa baison
buffel (de)	水牛	suigyū
zebra (de)	シマウマ [縞馬]	shimauma
antilope (de)	レイヨウ	reiyō
ree (de)	ノロジカ	noro jika
damhert (het)	ダマジカ	damajika
gems (de)	シャモア	shamoa
everzwijn (het)	イノシシ [猪]	inoshishi
walvis (de)	クジラ [鯨]	kujira
rob (de)	アザラシ	azarashi
walrus (de)	セイウチ [海象]	seiuchi
zeehond (de)	オットセイ [膃肭臍]	ottosei
dolfijn (de)	いるか [海豚]	iruka
beer (de)	クマ [熊]	kuma
IJsbeer (de)	ホッキョクグマ	hokkyokuguma
panda (de)	パンダ	panda
aap (de)	サル [猿]	saru
chimpansee (de)	チンパンジー	chinpanjī
orang-oetan (de)	オランウータン	oranwutan
gorilla (de)	ゴリラ	gorira
makaak (de)	マカク	makaku
gibbon (de)	テナガザル	tenagazaru
olifant (de)	ゾウ [象]	zō
neushoorn (de)	サイ [犀]	sai
giraffe (de)	キリン	kirin
nijlpaard (het)	カバ [河馬]	kaba
kangoeroe (de)	カンガルー	kangarū
koala (de)	コアラ	koara
mangoest (de)	マングース	mangūsu
chinchilla (de)	チンチラ	chinchira
stinkdier (het)	スカンク	sukanku
stekelvarken (het)	ヤマアラシ	yamārashi

137. Huisdieren

poes (de)	猫	neko
kater (de)	オス猫	osu neko
hond (de)	犬	inu

paard (het)	ウマ [馬]	uma
hengst (de)	種馬	taneuma
merrie (de)	雌馬	meuma
koe (de)	雌牛	meushi
stier (de)	雄牛	ōshi
os (de)	去勢牛	kyosei ushi
schaap (het)	羊	hitsuji
ram (de)	雄羊	ohitsuji
geit (de)	ヤギ [山羊]	yagi
bok (de)	雄ヤギ	oyagi
ezel (de)	ロバ	roba
muilezel (de)	ラバ	raba
varken (het)	ブタ [豚]	buta
biggetje (het)	子豚	kobuta
konijn (het)	カイウサギ [飼兎]	kai usagi
kip (de)	ニワトリ [鶏]	niwatori
haan (de)	おんどり [雄鶏]	ondori
eend (de)	アヒル	ahiru
woerd (de)	雄アヒル	oahiru
gans (de)	ガチョウ	gachō
kalkoen haan (de)	雄七面鳥	oshichimenchō
kalkoen (de)	七面鳥 [シチメンチョウ]	shichimenchō
huisdieren (mv.)	家畜	kachiku
tam (bijv. hamster)	馴れた	nare ta
temmen (tam maken)	かいならす	kainarasu
fokken (bijv. paarden ~)	飼養する	shiyō suru
boerderij (de)	農場	nōjō
gevogelte (het)	家禽	kakin
rundvee (het)	畜牛	chiku gyū
kudde (de)	群れ	mure
paardenstal (de)	馬小屋	umagoya
zwijnenstal (de)	豚小屋	buta goya
koeienstal (de)	牛舎	gyūsha
konijnenhok (het)	ウサギ小屋	usagi koya
kippenhok (het)	鶏小屋	niwatori goya

138. Vogels

vogel (de)	鳥	tori
duif (de)	鳩 [ハト]	hato
mus (de)	スズメ (雀)	suzume
koolmees (de)	シジュウカラ [四十雀]	shijūkara
ekster (de)	カササギ [鵲]	kasasagi
raaf (de)	ワタリガラス [渡鴉]	watari garasu

kraai (de)	カラス [鴉]	karasu
kauw (de)	ニシコクマルガラス	nishikokumaru garasu
roek (de)	ミヤマガラス [深山鳥]	miyama garasu
eend (de)	カモ [鴨]	kamo
gans (de)	ガチョウ	gachō
fazant (de)	キジ	kiji
arend (de)	鷲	washi
havik (de)	鷹	taka
valk (de)	ハヤブサ [隼]	hayabusa
gier (de)	ハゲワシ	hagewashi
condor (de)	コンドル	kondoru
zwaan (de)	白鳥 [ハクチョウ]	hakuchō
kraanvogel (de)	鶴 [ツル]	tsuru
ooievaar (de)	シュバシコウ	shubashikō
papegaai (de)	オウム	ōmu
kolibrie (de)	ハチドリ [蜂鳥]	hachidori
pauw (de)	クジャク [孔雀]	kujaku
struisvogel (de)	ダチョウ [駝鳥]	dachō
reiger (de)	サギ [鷺]	sagi
flamingo (de)	フラミンゴ	furamingo
pelikaan (de)	ペリカン	perikan
nachtegaal (de)	サヨナキドリ	sayonakidori
zwaluw (de)	ツバメ [燕]	tsubame
lijster (de)	ノハラツグミ	nohara tsugumi
zanglijster (de)	ウタツグミ [歌鶫]	uta tsugumi
merel (de)	クロウタドリ	kurōtadori
gierzwaluw (de)	アマツバメ [雨燕]	ama tsubame
leeuwerik (de)	ヒバリ [雲雀]	hibari
kwartel (de)	ウズラ	uzura
specht (de)	キツツキ	kitsutsuki
koekoek (de)	カッコウ [郭公]	kakkō
uil (de)	トラフズク	torafuzuku
oehoe (de)	ワシミミズク	washi mimizuku
auerhoen (het)	ヨーロッパオオライチョウ	yōroppa ōraichō
korhoen (het)	クロライチョウ	kuro raichō
patrijs (de)	ヨーロッパヤマウズラ	yōroppa yamauzura
spreeuw (de)	ムクドリ	mukudori
kanarie (de)	カナリア [金糸雀]	kanaria
hazelhoen (het)	エゾライチョウ	ezo raichō
vink (de)	ズアオアトリ	zuaoatori
goudvink (de)	ウソ [鷽]	uso
meeuw (de)	カモメ [鴎]	kamome
albatros (de)	アホウドリ	ahōdori
pinguïn (de)	ペンギン	pengin

139. Vis. Zeedieren

brasem (de)	ブリーム	burīmu
karper (de)	コイ [鯉]	koi
baars (de)	ヨーロピアンパーチ	yōropian pāchi
meerval (de)	ナマズ	namazu
snoek (de)	カワカマス	kawakamasu
zalm (de)	サケ	sake
steur (de)	チョウザメ [蝶鮫]	chōzame
haring (de)	ニシン	nishin
atlantische zalm (de)	タイセイヨウサケ [大西洋鮭]	taiseiyō sake
makreel (de)	サバ [鯖]	saba
platvis (de)	カレイ [鰈]	karei
snoekbaars (de)	ザンダー	zandā
kabeljauw (de)	タラ [鱈]	tara
tonijn (de)	マグロ [鮪]	maguro
forel (de)	マス [鱒]	masu
paling (de)	ウナギ [鰻]	unagi
sidderrog (de)	シビレエイ	shibireei
murene (de)	ウツボ [鱓]	utsubo
piranha (de)	ピラニア	pirania
haai (de)	サメ [鮫]	same
dolfijn (de)	イルカ [海豚]	iruka
walvis (de)	クジラ [鯨]	kujira
krab (de)	カニ [蟹]	kani
kwal (de)	クラゲ [水母]	kurage
octopus (de)	タコ [蛸]	tako
zeester (de)	ヒトデ [海星]	hitode
zee-egel (de)	ウニ [海胆]	uni
zeepaardje (het)	タツノオトシゴ	tatsunootoshigo
oester (de)	カキ [牡蠣]	kaki
garnaal (de)	エビ	ebi
kreeft (de)	イセエビ	iseebi
langoest (de)	スパイニーロブスター	supainī robusutā

140. Amfibieën. Reptielen

slang (de)	ヘビ（蛇）	hebi
giftig (slang)	毒…、有毒な	doku…, yūdoku na
adder (de)	クサリヘビ	kusarihebi
cobra (de)	コブラ	kobura
python (de)	ニシキヘビ	nishikihebi
boa (de)	ボア	boa
ringslang (de)	ヨーロッパヤマカガシ	yōroppa yamakagashi

ratelslang (de)	ガラガラヘビ	garagarahebi
anaconda (de)	アナコンダ	anakonda
hagedis (de)	トカゲ [蜥蜴]	tokage
leguaan (de)	イグアナ	iguana
varaan (de)	オオトカゲ	ōtokage
salamander (de)	サンショウウオ [山椒魚]	sanshōuo
kameleon (de)	カメレオン	kamereon
schorpioen (de)	サソリ [蠍]	sasori
schildpad (de)	カメ [亀]	kame
kikker (de)	蛙 [カエル]	kaeru
pad (de)	ヒキガエル	hikigaeru
krokodil (de)	ワニ [鰐]	wani

141. Insecten

insect (het)	昆虫	konchū
vlinder (de)	チョウ [蝶]	chō
mier (de)	アリ [蟻]	ari
vlieg (de)	ハエ [蝿]	hae
mug (de)	カ [蚊]	ka
kever (de)	甲虫	kabutomushi
wesp (de)	ワスプ	wasupu
bij (de)	ハチ [蜂]	hachi
hommel (de)	マルハナバチ [丸花蜂]	maruhanabachi
horzel (de)	アブ [虻]	abu
spin (de)	クモ [蜘蛛]	kumo
spinnenweb (het)	クモの巣	kumo no su
libel (de)	トンボ [蜻蛉]	tonbo
sprinkhaan (de)	キリギリス	kirigirisu
nachtvlinder (de)	ガ [蛾]	ga
kakkerlak (de)	ゴキブリ [蜚蠊]	gokiburi
mijt (de)	ダニ [壁蝨、蜱]	dani
vlo (de)	ノミ [蚤]	nomi
kriebelmug (de)	ヌカカ [糠蚊]	nukaka
treksprinkhaan (de)	バッタ [飛蝗]	batta
slak (de)	カタツムリ [蝸牛]	katatsumuri
krekel (de)	コオロギ [蟋蟀、蛬]	kōrogi
glimworm (de)	ホタル [蛍、螢]	hotaru
lieveheersbeestje (het)	テントウムシ [天道虫]	tentōmushi
meikever (de)	コフキコガネ	kofukikogane
bloedzuiger (de)	ヒル [蛭]	hiru
rups (de)	ケムシ [毛虫]	kemushi
aardworm (de)	ミミズ [蚯蚓]	mimizu
larve (de)	幼虫	yōchū

Flora

142. Bomen

boom (de)	木	ki
loof- (abn)	落葉性の	rakuyō sei no
dennen- (abn)	針葉樹の	shinyōju no
groenblijvend (bn)	常緑の	jōryoku no
appelboom (de)	りんごの木	ringonoki
perenboom (de)	洋梨の木	yōnashinoki
zoete kers (de)	セイヨウミザクラ	seiyōmi zakura
zure kers (de)	スミミザクラ	sumimi zakura
pruimelaar (de)	プラムトリー	puramu torī
berk (de)	カバノキ	kabanoki
eik (de)	オーク	ōku
linde (de)	シナノキ [科の木]	shinanoki
esp (de)	ヤマナラシ [山鳴らし]	yamanarashi
esdoorn (de)	カエデ [楓]	kaede
spar (de)	スプルース	supurūsu
den (de)	マツ [松]	matsu
lariks (de)	カラマツ [唐松]	karamatsu
zilverspar (de)	モミ [樅]	momi
ceder (de)	シダー	shidā
populier (de)	ポプラ	popura
lijsterbes (de)	ナナカマド	nanakamado
wilg (de)	ヤナギ [柳]	yanagi
els (de)	ハンノキ	hannoki
beuk (de)	ブナ	buna
iep (de)	ニレ [楡]	nire
es (de)	トネリコ [梣]	toneriko
kastanje (de)	クリ [栗]	kuri
magnolia (de)	モクレン [木蓮]	mokuren
palm (de)	ヤシ [椰子]	yashi
cipres (de)	イトスギ [糸杉]	itosugi
mangrove (de)	マングローブ	mangurōbu
baobab (apenbroodboom)	バオバブ	baobabu
eucalyptus (de)	ユーカリ	yūkari
mammoetboom (de)	セコイア	sekoia

143. Heesters

struik (de)	低木	teiboku
heester (de)	潅木	kanboku

wijnstok (de)	ブドウ ［葡萄］	budō
wijngaard (de)	ブドウ園 ［葡萄園］	budōen
frambozenstruik (de)	ラズベリー	razuberī
zwarte bes (de)	クロスグリ	kuro suguri
rode bessenstruik (de)	フサスグリ	fusa suguri
kruisbessenstruik (de)	セイヨウスグリ	seiyō suguri
acacia (de)	アカシア	akashia
zuurbes (de)	メギ	megi
jasmijn (de)	ジャスミン	jasumin
jeneverbes (de)	セイヨウネズ	seiyōnezu
rozenstruik (de)	バラの木	baranoki
hondsroos (de)	イヌバラ	inu bara

144. Vruchten. Bessen

vrucht (de)	果物	kudamono
vruchten (mv.)	果物	kudamono
appel (de)	リンゴ	ringo
peer (de)	洋梨	yōnashi
pruim (de)	プラム	puramu
aardbei (de)	イチゴ（苺）	ichigo
kers (de)	チェリー	cherī
zure kers (de)	サワー チェリー	sawā cherī
zoete kers (de)	スイート チェリー	suīto cherī
druif (de)	ブドウ ［葡萄］	budō
framboos (de)	ラズベリー（木苺）	razuberī
zwarte bes (de)	クロスグリ	kuro suguri
rode bes (de)	フサスグリ	fusa suguri
kruisbes (de)	セイヨウスグリ	seiyō suguri
veenbes (de)	クランベリー	kuranberī
sinaasappel (de)	オレンジ	orenji
mandarijn (de)	マンダリン	mandarin
ananas (de)	パイナップル	painappuru
banaan (de)	バナナ	banana
dadel (de)	デーツ	dētsu
citroen (de)	レモン	remon
abrikoos (de)	アンズ ［杏子］	anzu
perzik (de)	モモ ［桃］	momo
kiwi (de)	キウイ	kiui
grapefruit (de)	グレープフルーツ	gurēbu furūtsu
bes (de)	ベリー	berī
bessen (mv.)	ベリー	berī
vossenbes (de)	コケモモ	kokemomo
bosaardbei (de)	ノイチゴ ［野いちご］	noichigo
bosbes (de)	ビルベリー	biruberī

145. Bloemen. Planten

bloem (de)	花	hana
boeket (het)	花束	hanataba
roos (de)	バラ	bara
tulp (de)	チューリップ	chūrippu
anjer (de)	カーネーション	kāneshon
gladiool (de)	グラジオラス	gurajiorasu
korenbloem (de)	ヤグルマギク [矢車菊]	yagurumagiku
klokje (het)	ホタルブクロ	hotarubukuro
paardenbloem (de)	タンポポ [蒲公英]	tanpopo
kamille (de)	カモミール	kamomīru
aloë (de)	アロエ	aroe
cactus (de)	サボテン	saboten
ficus (de)	イチジク	ichijiku
lelie (de)	ユリ [百合]	yuri
geranium (de)	ゼラニウム	zeranyūmu
hyacint (de)	ヒヤシンス	hiyashinsu
mimosa (de)	ミモザ	mimoza
narcis (de)	スイセン [水仙]	suisen
Oostindische kers (de)	キンレンカ [金蓮花]	kinrenka
orchidee (de)	ラン [蘭]	ran
pioenroos (de)	シャクヤク [芍薬]	shakuyaku
viooltje (het)	スミレ [菫]	sumire
driekleurig viooltje (het)	パンジー	panjī
vergeet-mij-nietje (het)	ワスレナグサ [勿忘草]	wasurenagusa
madeliefje (het)	デイジー	deijī
papaver (de)	ポピー	popī
hennep (de)	アサ [麻]	asa
munt (de)	ミント	minto
lelietje-van-dalen (het)	スズラン [鈴蘭]	suzuran
sneeuwklokje (het)	スノードロップ	sunōdoroppu
brandnetel (de)	イラクサ [刺草]	irakusa
veldzuring (de)	スイバ	suiba
waterlelie (de)	スイレン [睡蓮]	suiren
varen (de)	シダ	shida
korstmos (het)	地衣類	chī rui
oranjerie (de)	温室	onshitsu
gazon (het)	芝生	shibafu
bloemperk (het)	花壇	kadan
plant (de)	植物	shokubutsu
gras (het)	草	kusa
grasspriet (de)	草の葉	kusa no ha

blad (het)	葉	ha
bloemblad (het)	花びら	hanabira
stengel (de)	茎	kuki
knol (de)	塊茎	kaikei
scheut (de)	シュート	shūto
doorn (de)	茎針	kuki hari
bloeien (ww)	開花する	kaika suru
verwelken (ww)	しおれる	shioreru
geur (de)	香り	kaori
snijden (bijv. bloemen ~)	切る	kiru
plukken (bloemen ~)	摘む	tsumamu

146. Granen, graankorrels

graan (het)	穀物	kokumotsu
graangewassen (mv.)	禾穀類	kakokurui
aar (de)	花穂	kasui
tarwe (de)	コムギ [小麦]	komugi
rogge (de)	ライムギ [ライ麦]	raimugi
haver (de)	オーツムギ [オーツ麦]	ōtsu mugi
gierst (de)	キビ [黍]	kibi
gerst (de)	オオムギ [大麦]	ōmugi
maïs (de)	トウモロコシ	tōmorokoshi
rijst (de)	イネ [稲]	ine
boekweit (de)	ソバ [蕎麦]	soba
erwt (de)	エンドウ [豌豆]	endō
boon (de)	インゲンマメ [隠元豆]	ingen mame
soja (de)	ダイズ [大豆]	daizu
linze (de)	レンズマメ [レンズ豆]	renzu mame
bonen (mv.)	豆類	mamerui

LANDEN. NATIONALITEITEN

147. West-Europa

Europa (het)	ヨーロッパ	yōroppa
Europese Unie (de)	欧州連合	ōshū rengō
Oostenrijk (het)	オーストリア	ōsutoria
Groot-Brittannië (het)	グレートブリテン島	gurētoburiten tō
Engeland (het)	イギリス	igirisu
België (het)	ベルギー	berugī
Duitsland (het)	ドイツ	doitsu
Nederland (het)	ネーデルラント	nēderuranto
Holland (het)	オランダ	oranda
Griekenland (het)	ギリシャ	girisha
Denemarken (het)	デンマーク	denmāku
Ierland (het)	アイルランド	airurando
IJsland (het)	アイスランド	aisurando
Spanje (het)	スペイン	supein
Italië (het)	イタリア	itaria
Cyprus (het)	キプロス	kipurosu
Malta (het)	マルタ	maruta
Noorwegen (het)	ノルウェー	noruwē
Portugal (het)	ポルトガル	porutogaru
Finland (het)	フィンランド	finrando
Frankrijk (het)	フランス	furansu
Zweden (het)	スウェーデン	suwēden
Zwitserland (het)	スイス	suisu
Schotland (het)	スコットランド	sukottorando
Vaticaanstad (de)	バチカン	bachikan
Liechtenstein (het)	リヒテンシュタイン	rihitenshutain
Luxemburg (het)	ルクセンブルク	rukusenburuku
Monaco (het)	モナコ	monako

148. Centraal- en Oost-Europa

Albanië (het)	アルバニア	arubania
Bulgarije (het)	ブルガリア	burugaria
Hongarije (het)	ハンガリー	hangarī
Letland (het)	ラトビア	ratobia
Litouwen (het)	リトアニア	ritoania
Polen (het)	ポーランド	pōrando

Roemenië (het)	ルーマニア	rūmania
Servië (het)	セルビア	serubia
Slowakije (het)	スロバキア	surobakia
Kroatië (het)	クロアチア	kuroachia
Tsjechië (het)	チェコ	cheko
Estland (het)	エストニア	esutonia
Bosnië en Herzegovina (het)	ボスニア・ヘルツェゴヴィナ	bosunia herutsegovina
Macedonië (het)	マケドニア地方	makedonia chihō
Slovenië (het)	スロベニア	surobenia
Montenegro (het)	モンテネグロ	monteneguro

149. Voormalige USSR landen

Azerbeidzjan (het)	アゼルバイジャン	azerubaijan
Armenië (het)	アルメニア	arumenia
Wit-Rusland (het)	ベラルーシー	berarūshī
Georgië (het)	グルジア	gurujia
Kazakstan (het)	カザフスタン	kazafusutan
Kirgizië (het)	キルギス	kirugisu
Moldavië (het)	モルドヴァ	morudova
Rusland (het)	ロシア	roshia
Oekraïne (het)	ウクライナ	ukuraina
Tadzjikistan (het)	タジキスタン	tajikisutan
Turkmenistan (het)	トルクメニスタン	torukumenisutan
Oezbekistan (het)	ウズベキスタン	uzubekisutan

150. Azië

Azië (het)	アジア	ajia
Vietnam (het)	ベトナム	betonamu
India (het)	インド	indo
Israël (het)	イスラエル	isuraeru
China (het)	中国	chūgoku
Libanon (het)	レバノン	rebanon
Mongolië (het)	モンゴル	mongoru
Maleisië (het)	マレーシア	marēshia
Pakistan (het)	パキスタン	pakisutan
Saoedi-Arabië (het)	サウジアラビア	saujiarabia
Thailand (het)	タイ	tai
Taiwan (het)	台湾	taiwan
Turkije (het)	トルコ	toruko
Japan (het)	日本	nihon
Afghanistan (het)	アフガニスタン	afuganisutan
Bangladesh (het)	バングラデシュ	banguradeshu

Indonesië (het)	インドネシア	indoneshia
Jordanië (het)	ヨルダン	yorudan
Irak (het)	イラク	iraku
Iran (het)	イラン	iran
Cambodja (het)	カンボジア	kanbojia
Koeweit (het)	クウェート	kuwēto
Laos (het)	ラオス	raosu
Myanmar (het)	ミャンマー	myanmā
Nepal (het)	ネパール	nepāru
Verenigde Arabische Emiraten	アラブ首長国連邦	arabu shuchō koku renpō
Syrië (het)	シリア	shiria
Palestijnse autonomie (de)	パレスチナ	paresuchina
Zuid-Korea (het)	大韓民国	daikanminkoku
Noord-Korea (het)	北朝鮮	kitachōsen

151. Noord-Amerika

Verenigde Staten van Amerika	アメリカ合衆国	amerika gasshūkoku
Canada (het)	カナダ	kanada
Mexico (het)	メキシコ	mekishiko

152. Midden- en Zuid-Amerika

Argentinië (het)	アルゼンチン	aruzenchin
Brazilië (het)	ブラジル	burajiru
Colombia (het)	コロンビア	koronbia
Cuba (het)	キューバ	kyūba
Chili (het)	チリ	chiri
Bolivia (het)	ボリビア	boribia
Venezuela (het)	ベネズエラ	benezuera
Paraguay (het)	パラグアイ	paraguai
Peru (het)	ペルー	perū
Suriname (het)	スリナム	surinamu
Uruguay (het)	ウルグアイ	uruguai
Ecuador (het)	エクアドル	ekuadoru
Bahama's (mv.)	バハマ	bahama
Haïti (het)	ハイチ	haichi
Dominicaanse Republiek (de)	ドミニカ共和国	dominikakyōwakoku
Panama (het)	パナマ	panama
Jamaica (het)	ジャマイカ	jamaika

153. Afrika

Egypte (het)	エジプト	ejiputo
Marokko (het)	モロッコ	morokko
Tunesië (het)	チュニジア	chunijia
Ghana (het)	ガーナ	gāna
Zanzibar (het)	ザンジバル	zanjibaru
Kenia (het)	ケニア	kenia
Libië (het)	リビア	ribia
Madagaskar (het)	マダガスカル	madagasukaru
Namibië (het)	ナミビア	namibia
Senegal (het)	セネガル	senegaru
Tanzania (het)	タンザニア	tanzania
Zuid-Afrika (het)	南アフリカ	minami afurika

154. Australië. Oceanië

Australië (het)	オーストラリア	ōsutoraria
Nieuw-Zeeland (het)	ニュージーランド	nyūjīrando
Tasmanië (het)	タスマニア	tasumania
Frans-Polynesië	フランス領ポリネシア	furansu ryō porineshia

155. Steden

Amsterdam	アムステルダム	amusuterudamu
Ankara	アンカラ	ankara
Athene	アテネ	atene
Bagdad	バグダッド	bagudaddo
Bangkok	バンコク	bankoku
Barcelona	バルセロナ	baruserona
Beiroet	ベイルート	beirūto
Berlijn	ベルリン	berurin
Boedapest	ブダペスト	budapesuto
Boekarest	ブカレスト	bukaresuto
Bombay, Mumbai	ムンバイ	munbai
Bonn	ボン	bon
Bordeaux	ボルドー	borudō
Bratislava	ブラチスラヴァ	burachisurava
Brussel	ブリュッセル	buryusseru
Caïro	カイロ	kairo
Calcutta	コルカタ	korukata
Chicago	シカゴ	shikago
Dar Es Salaam	ダルエスサラーム	daruesusarāmu
Delhi	デリー	derī
Den Haag	ハーグ	hāgu

Dubai	ドバイ	dobai
Dublin	ダブリン	daburin
Düsseldorf	デュッセルドルフ	dyusserudorufu
Florence	フィレンチェ	firenche

Frankfort	フランクフルト	furankufuruto
Genève	ジュネーブ	junēbu
Hamburg	ハンブルク	hanburuku
Hanoi	ハノイ	hanoi
Havana	ハバナ	habana

Helsinki	ヘルシンキ	herushinki
Hiroshima	広島	hiroshima
Hongkong	香港	honkon
Istanbul	イスタンブール	isutanbūru
Jeruzalem	エルサレム	erusaremu
Kiev	キエフ	kiefu

Kopenhagen	コペンハーゲン	kopenhāgen
Kuala Lumpur	クアラルンプール	kuararunpūru
Lissabon	リスボン	risubon
Londen	ロンドン	rondon
Los Angeles	ロスアンジェルス	rosuanjerusu

Lyon	リヨン	riyon
Madrid	マドリード	madorīdo
Marseille	マルセイユ	maruseiyu
Mexico-Stad	メキシコシティ	mekishiko shiti
Miami	マイアミ	maiami

Montreal	モントリオール	montoriōru
Moskou	モスクワ	mosukuwa
München	ミュンヘン	myunhen
Nairobi	ナイロビ	nairobi
Napels	ナポリ	napori

New York	ニューヨーク	nyūyōku
Nice	ニース	nīsu
Oslo	オスロ	osuro
Ottawa	オタワ	otawa
Parijs	パリ	pari

Peking	北京	pekin
Praag	プラハ	puraha
Rio de Janeiro	リオ・デ・ジャネイロ	rio de janeiro
Rome	ローマ	rōma
Seoel	ソウル	sōru
Singapore	シンガポール	shingapōru

Sint-Petersburg	サンクトペテルブルク	sankuto peteruburuku
Sjanghai	上海	shanhai
Stockholm	ストックホルム	sutokkuhorumu
Sydney	シドニー	shidonī
Taipei	台北	taipei
Tokio	東京	tōkyō
Toronto	トロント	toronto

Venetië	ベニス	benisu
Warschau	ワルシャワ	warushawa
Washington	ワシントン	washinton
Wenen	ウィーン	wīn

www.ingramcontent.com/pod-product-compliance
Lightning Source LLC
Chambersburg PA
CBHW070557050426
42450CB00011B/2898